# 子游

陈子由 著

限量发行
05639

图书在版编目（CIP）数据

子"游"：遇见路上的自己 / 陈子由著. —— 北京 :新星出版社, 2017.11
ISBN 978-7-5133-2886-9

Ⅰ. ①子… Ⅱ. ①陈… Ⅲ. ①陈子由－生平事迹－摄影集 Ⅳ. ①K825.72-64

中国版本图书馆CIP数据核字(2017)第256333号

## 子"游"： 遇见路上的自己

陈子由 著

**责任编辑：** 杨英瑜
**责任印制：** 李珊珊
**装帧设计：** 陈汝佳

**出版发行：** 新星出版社
**出 版 人：** 马汝军
**社　　址：** 北京市西城区车公庄大街丙 3 号楼　100044
**网　　址：** www.newstarpress.com
**电　　话：** 010-88310888
**传　　真：** 010-65270449
**法律顾问：** 北京市大成律师事务所

**读者服务：** 010-88310811　service@newstarpress.com
**邮购地址：** 北京市西城区车公庄大街丙 3 号楼　100044

**印　　刷：** 北京尚唐印刷包装有限公司
**开　　本：** 787mm×1092mm　1/16
**印　　张：** 8.5
**字　　数：** 10千字
**版　　次：** 2017 年 11 月第一版　2017 年11月第一次印刷
**书　　号：** ISBN 978-7-5133-2886-9
**定　　价：** 38.00 元

**版权专用, 侵权必究；如有质量问题, 请与印刷厂联系更换。**

# 序言

—— 张绍刚

陈子由出书了。

有点意外，也和书有关。

第一次见面是在一个吃饭的局上，忘了他跟谁一块来的，也不说话，对面坐着，反正就是一个长得好看的大男孩，别人介绍说是模特，想出道演戏。凡是见到这种美美的，我一般都不怎么交流，两个世界的人，语言不通。结果局散了，子由突然问我，看点儿什么书能加强个人修养提升自身素质呢？这种问题最难回答，所以不痛不痒地推荐了几种，然后就散了。

下次再见，已经变成合作了。《胜利的游戏》，一档直播的推理探案节目，子由是参与者之一，其他各位几乎都是综艺的熟客，所以他的不适随处可见。其实在内心深处，我从未轻看过任何一个想红的人，哪个踏入演艺圈的人不想被认可，如果不想，何必进到这个拜高踩低的行列里？所以只要过程从容认真即可。陈子由的认真恨不能从毛孔里往外渗。推理节目强调参与者的推演自成逻辑，但是没几个人能在两个小时的时间里把繁杂的信息梳理整齐，所以艺人们各取所长，把自身的综艺气质发挥得淋漓尽致。子由是纯粹的新人，自己都不知道自己的特质在哪里，于是眼见着抓瞎，被导演牵着鼻子走，一路的被动。每次结束，都恨自己，恨如果刚才那句话那么说该多好，直播，重来不得，每次都伤痕累累。不是不委屈，节目背后，着实找了几本推理小说挑灯夜读，哪儿是这么就能补上的？！来找我，只问"我怎么能更好点儿呢？"又是一个难回答的问题，还是不痛不痒的，多读些书吧，不急。

好久没见，因为听说在赶着拍戏，再然后，就成了《亲爱的王子大人》，上海的地铁、湖南的高铁、北京的写字楼，陈子由都美美地在那儿看着我，百度指数微博关注度疯了似的上升，呀！好像真的红了呢。一个晚上，上海偶遇，在酒店的吧里，上着浓妆，说刚参加完一场走秀，听说我在上海，赶着来见一下。瞬间担心不见了，因为真的怕名利双收以后马上伴随出现的恶形恶状，见过太多，但一直适应不了。聊到现在粉丝多出好几个数量级，开心的还像个小朋友；不过也聊自己的忧虑，接到新戏，吃不透，不知道怎么演能演好。已经超出了我的知识范围，插不上话，不过很快又问，看点儿什子么书好呢？真点题，每次都不跑。

这次的缘分，还围绕着书。作为艺人，子由还很鲜嫩，所以，希望看这本书的人看到一个刚刚开始长成还在不断汲取营养的小朋友在挺认真的表达。你完全可以觉得表达的不成熟甚至幼稚，不重要，想想自己在这个年龄段，不也幼稚着呢吗。终于不是唯唯诺诺了，敢发声了，就是子由的成长。

希望下次再见面聊天的时候，能给陈子由开出更复杂的书单，好歹也是个出了书的人了。

— YOUTH NEVER DROPS AWAY —

# Content

01 / 「启 程」播种梦想

02 / 「路 上」遇见王祖蓝

03 / 「看 见」亲爱的王子大人

04 / 「回 忆」初心加持

05 / 「走 走」前方的路

06 / 写给自己和你们

DEPARTURE

/ 青 / 春 / 就 / 像 / 一 / 场 / 旅 / 行 /

## 「启 / 程」
### 播 种 梦 想

把自己扔进陌生的地方，

让我不得不

重新认识自己和世界。

*Starting...*

七月，南方的雨后潮湿闷热，初中毕业的我坐在自己的房间里，听着窗外交织一片的蟋蟀声，思绪万千。暑期的到来并没有让我一身轻松、欢天喜地，我的心中装着大大的梦想，它沉甸甸的，我决定为此付出脚踏实地的努力。

　　我出生的城市是湖南第二大城市，但城市基础设施和人们的生活习惯仍然是小城市的模式，父母是忙碌的上班族，所以小学阶段大部分时间我和爷爷奶奶一起生活。偶尔我也会很羡慕一家三口天天在一起，也会在看到别的爸爸妈妈大手拉小手带着孩子逛街时感到失落，这些情绪我都悄悄隐藏着，慢慢地习惯了这样的生活方式。

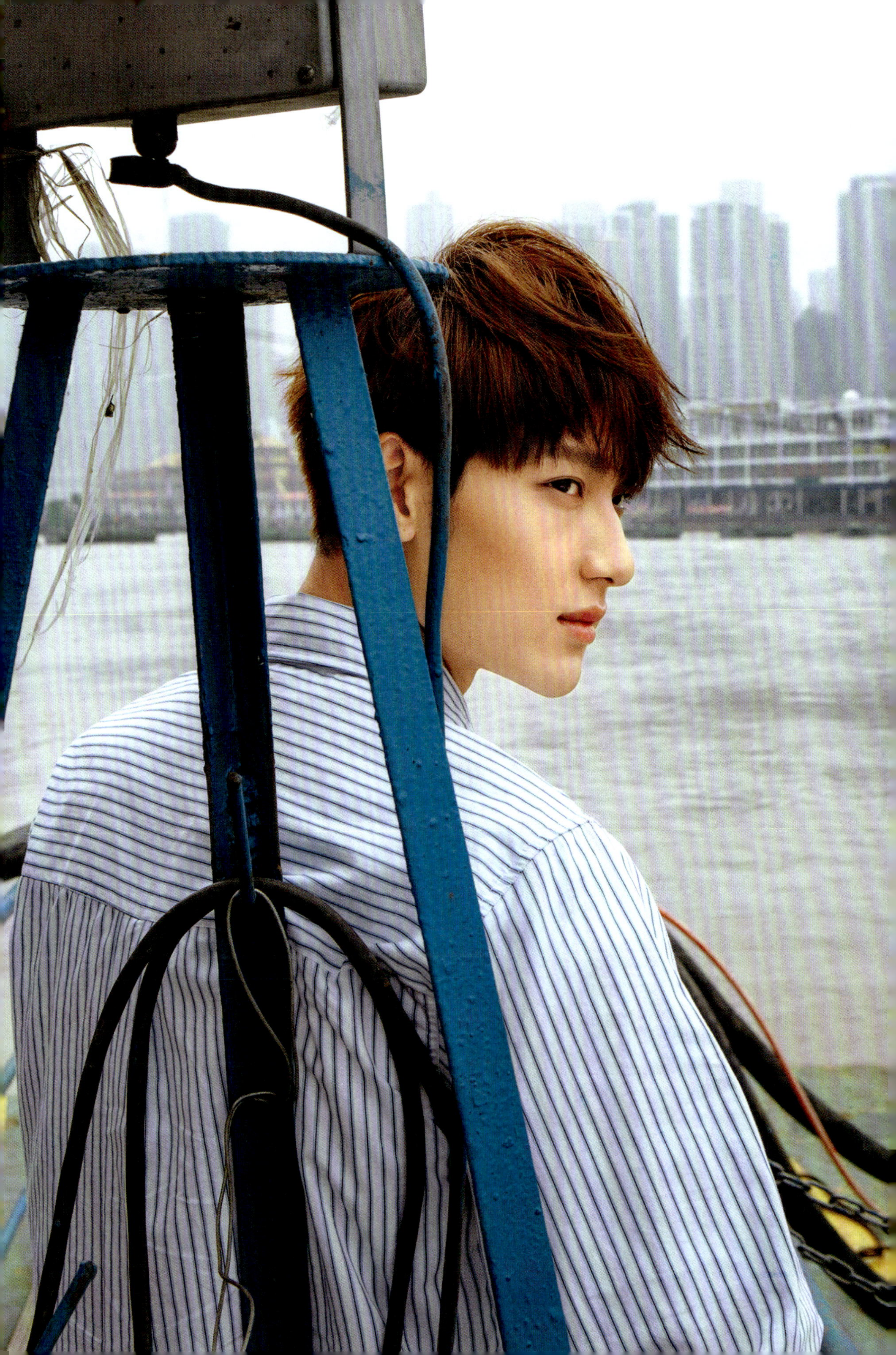

小学毕业后，由于父母工作调动，我不得不离开自己熟悉的城市和要好的小伙伴们，和爸爸妈妈一起搬到相邻的城市生活。曾经习惯的一切离我远去，新的生活让我措手不及，爸妈依旧忙碌，我开始变得独立，也愈发孤独，我不喜欢这里，它让我找不到方向，见不到希望。记得一个阴雨绵绵的下午，如往常，放学回家的路上我一人独行，没有带伞，细密的雨滴落到身上，孤独的情绪油然而生，就在快被孤独感吞没的时候，脑海里突然出现了自己跟自己的对白：柔柔的雨中，纤瘦的自己，孑然一人，傲世独立……一帧帧忧郁深沉的mv画面浮现出来，当我从幻想中跳脱，不禁扑哧一笑，原来自己还有这种自得其乐的幽默感，也为自己庆幸，原来我还没有被无聊的生活打败。

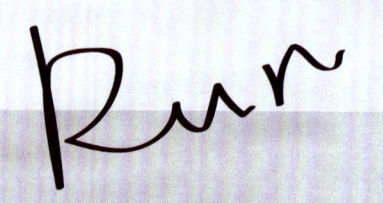

*Run.*

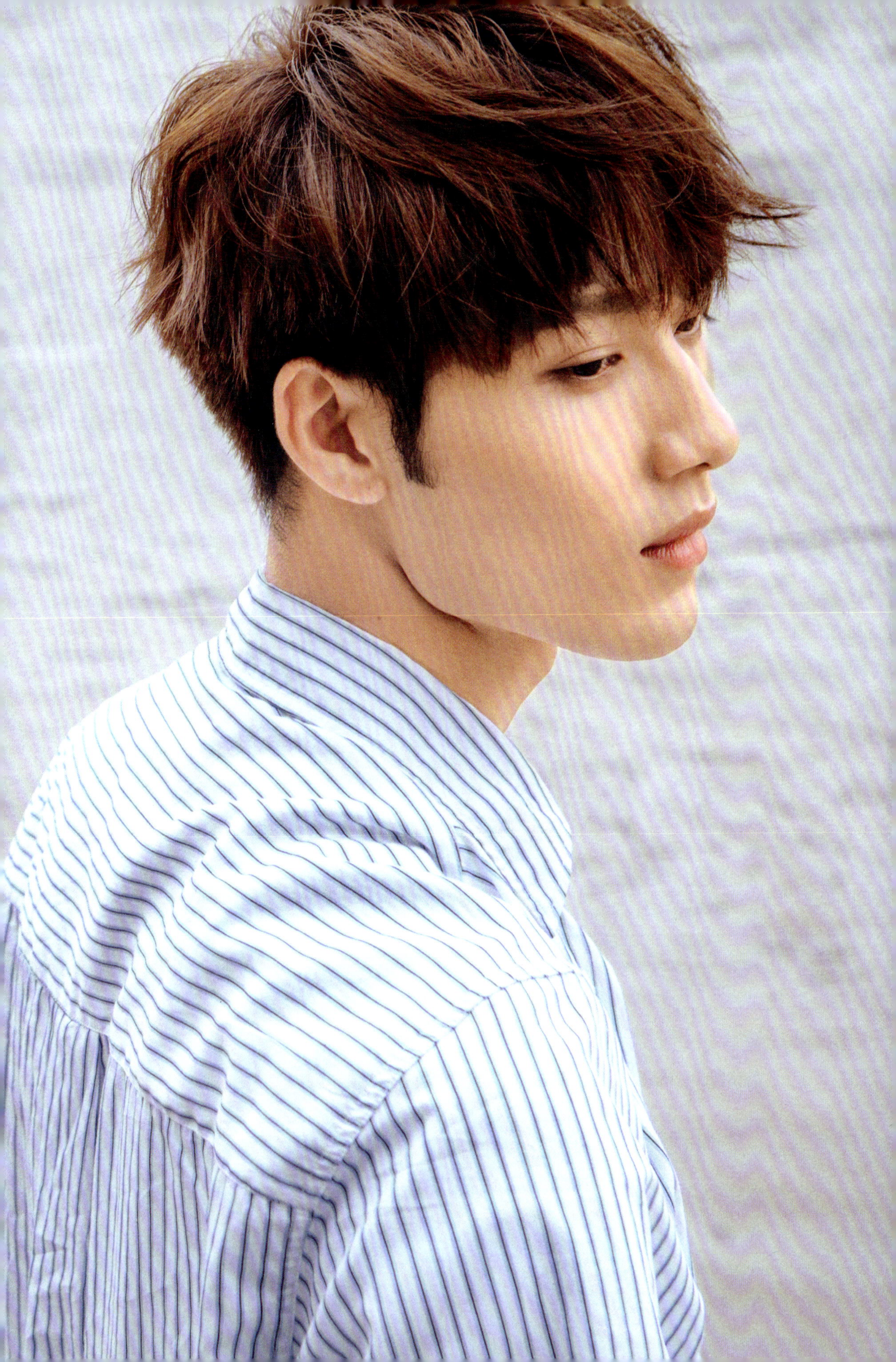

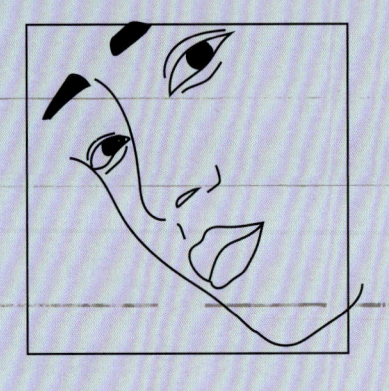

CHEN ZIYOU

　　回到家里，看到整洁的屋子，桌上热腾腾的饭菜，沙发上正等着我回家的父母，我突然意识到，我始终处在对新生活不满的怨气中，忽略了生活中爸妈对我的照顾，有那么一瞬间我似乎长大了，试图去理解爸妈生活的不易。那天晚上，我主动和妈妈聊了很久，那是一次等待已久的交心。这场对话仿佛发生在昨天，历历在目。我眼前朝九晚五拼命工作的父母，曾经也怀揣着梦想，面对生活的无奈，他们做出了当时最合适的选择，但那颗梦想的种子始终深埋心底，小心保护着。一个熟悉又陌生的亲人，一个深埋着梦想努力生活着的女人，我面前的这个温柔的母亲，我们相视一笑，这个夜晚无比美好，抬头看窗外，繁星点点，明天是个大晴天吧！

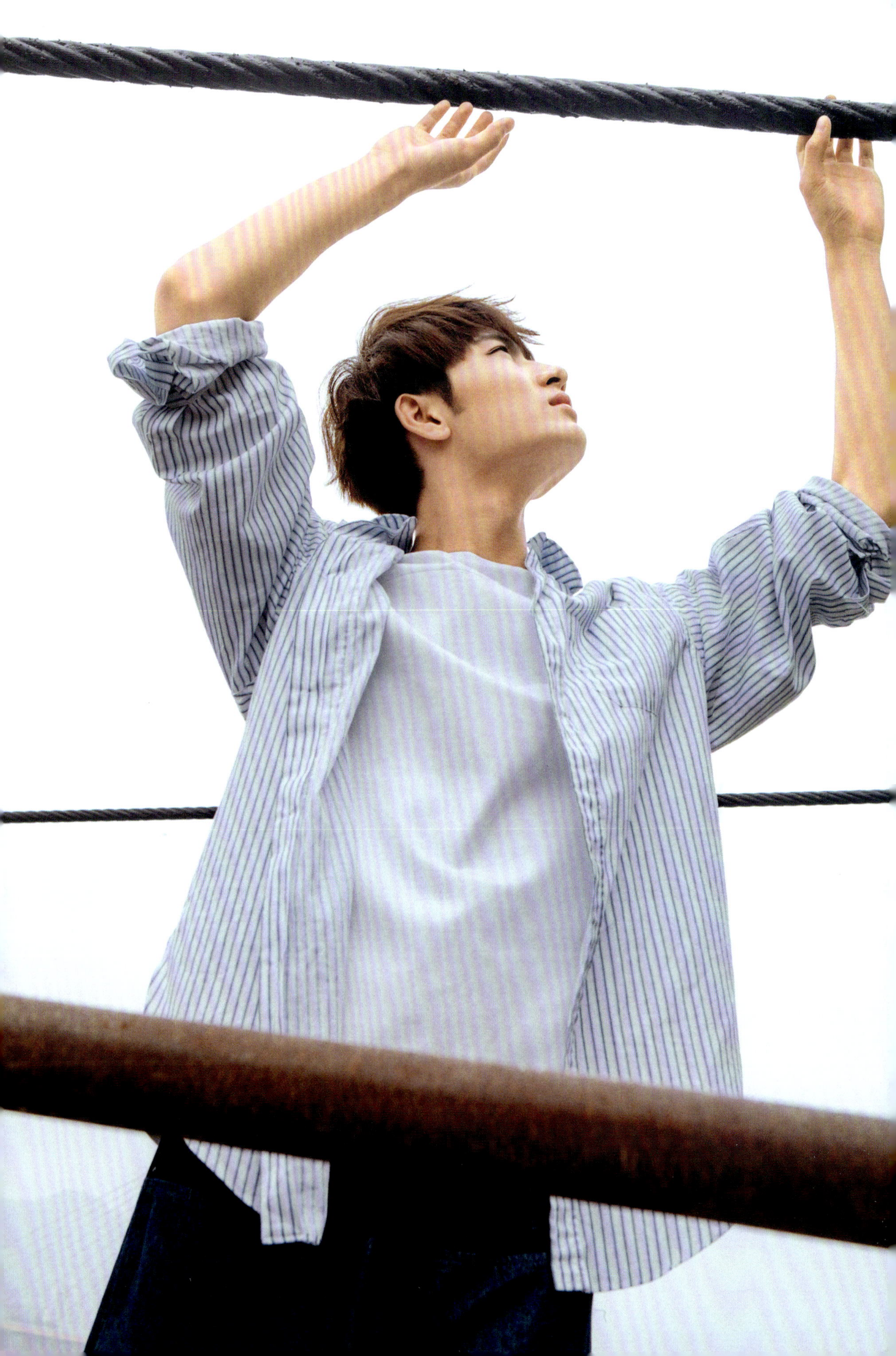

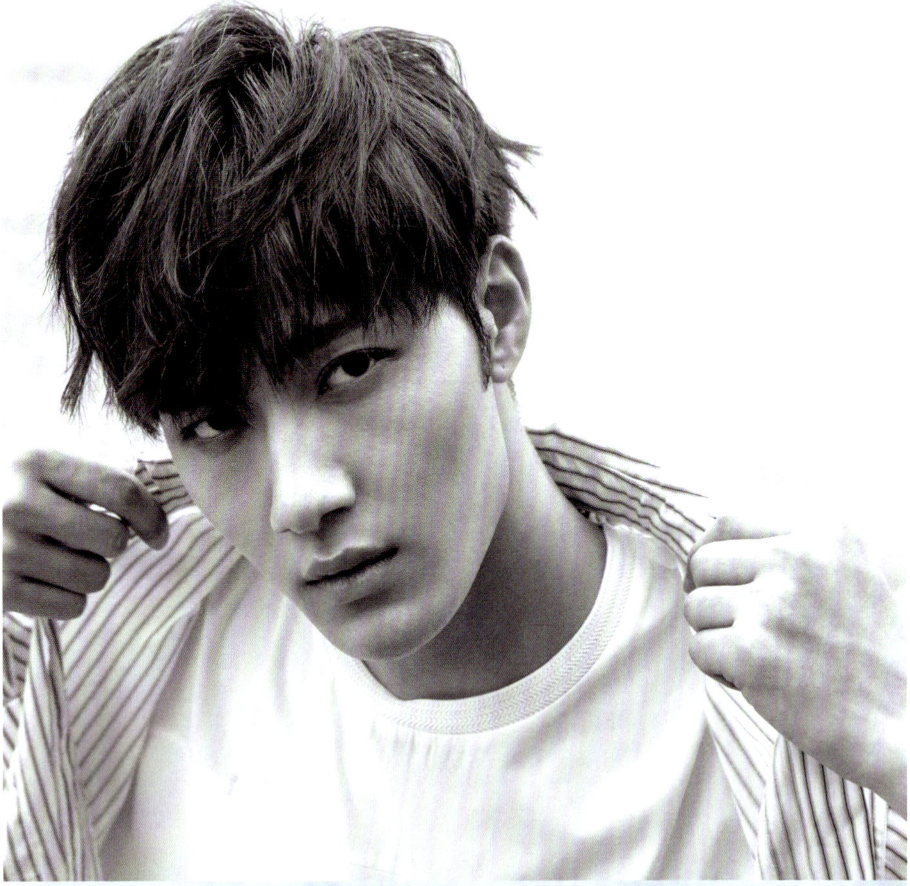
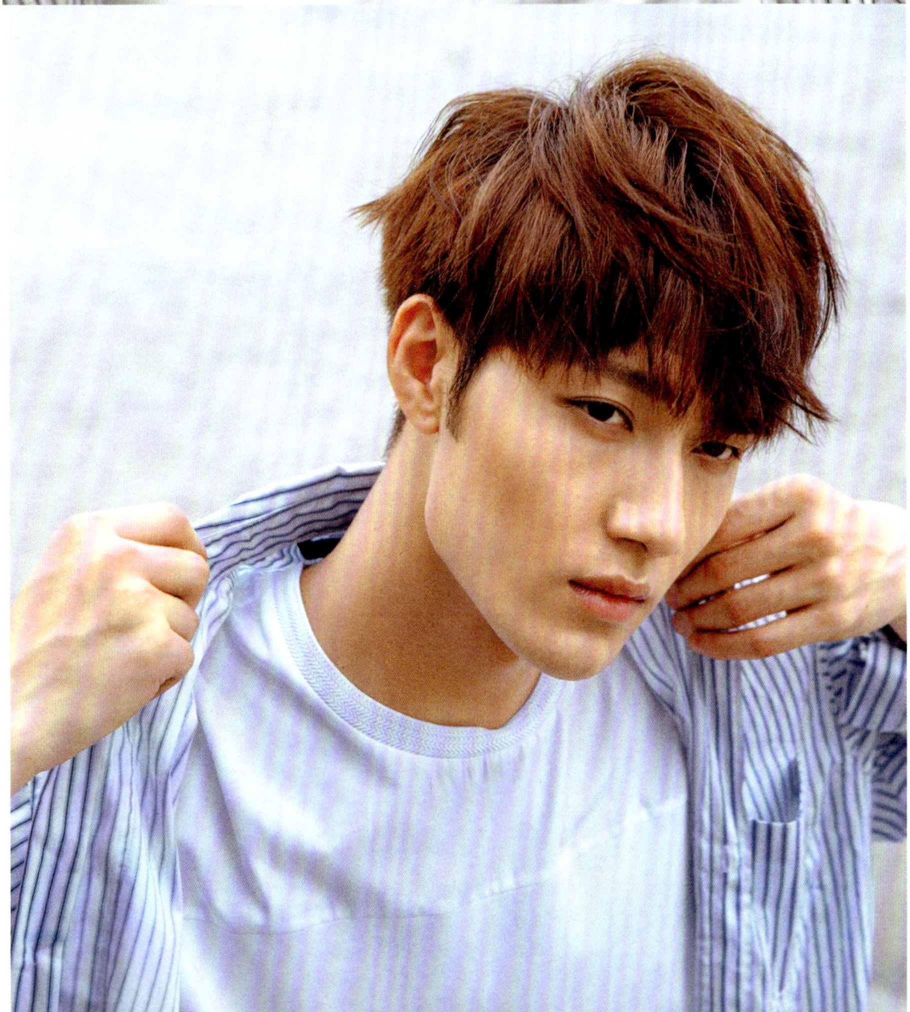

父亲风趣幽默，在家庭聚会里他一定是那个带动全场气氛的角色。小时候的我并不能理解这样的父亲，曾经一度很困惑，父亲不应该是沉稳内敛的吗？如今为当年自己有这样幼稚的想法感到羞愧。现在每每看到妙语连珠手舞足蹈的父亲把大家逗乐，我都很骄傲，这种能给人带来欢乐的能力是强大的，除了语言的天赋和超凡的表现力外，父亲的内心世界应该是充满了无限的爱吧。

父母对我没有无休止的唠叨，也没有密不透风的管束，他们只是认真告诉我怎么做一个好孩子，好男人。给我创造自由的成长环境，让我学会独立思考，对自己喜欢的事情坚持，对自己做过的决定负责。我想谢谢你们，谢谢你们让我变成你们的孩子。

阳光照进房间，窗外树影婆娑，蟋蟀们安静了许多。我决定做一些改变，内心升起一股热流 种下那颗梦想的种子 让它生根发芽吧！

从此我踏上了北上求学之路。那是我第一次独自坐上火车去一个遥远又陌生的地方。比起忐忑紧张，更多的是未知带给我的刺激和憧憬。

火车轰隆隆不急不躁不缓不慢地开到了北京，习惯了南方湿漉漉气候的我，下车的瞬间就被北方干燥的秋风吹得神清气爽，这种不一样的反差感在我身体里叮了一下，仿佛按下了梦想启动的按钮，后来遇到困难我都会想起那一刻，那是梦想的烙印。拖着舟车劳顿的疲乏，抬头看了一眼天，湛蓝无云。对于一个初次离家的懵懂少年，那一刻，我没有想象中的离愁别绪，更像是一个充满斗志即将上战场的战士，热血沸腾。

ON THE WAY

/ 青 / 春 / 就 / 像 / 一 / 场 / 旅 / 行 /

## 「路 / 上」
### 遇见王祖蓝

我正在经历每一段

奇妙的旅程，这些

遇见、告别、欢喜、忧愁，

不断长出枝芽，

丰富着我的生命树。

*something*

因为自己的身高和体型优势，我考入了一所模特学校，和普通高中不同的是，我们除了文化课还需要花费更多的时间和精力学习专业课。看似简单的走台步，那也是台上十分钟台下十年功的力气活。脚皮磨破、脚踝红肿都是常有的事，但是经过一段时间的魔鬼训练，对于做模特这件事我反而兴趣渐浓，一天课程下来的那种成就感成了我努力刻苦的动力。

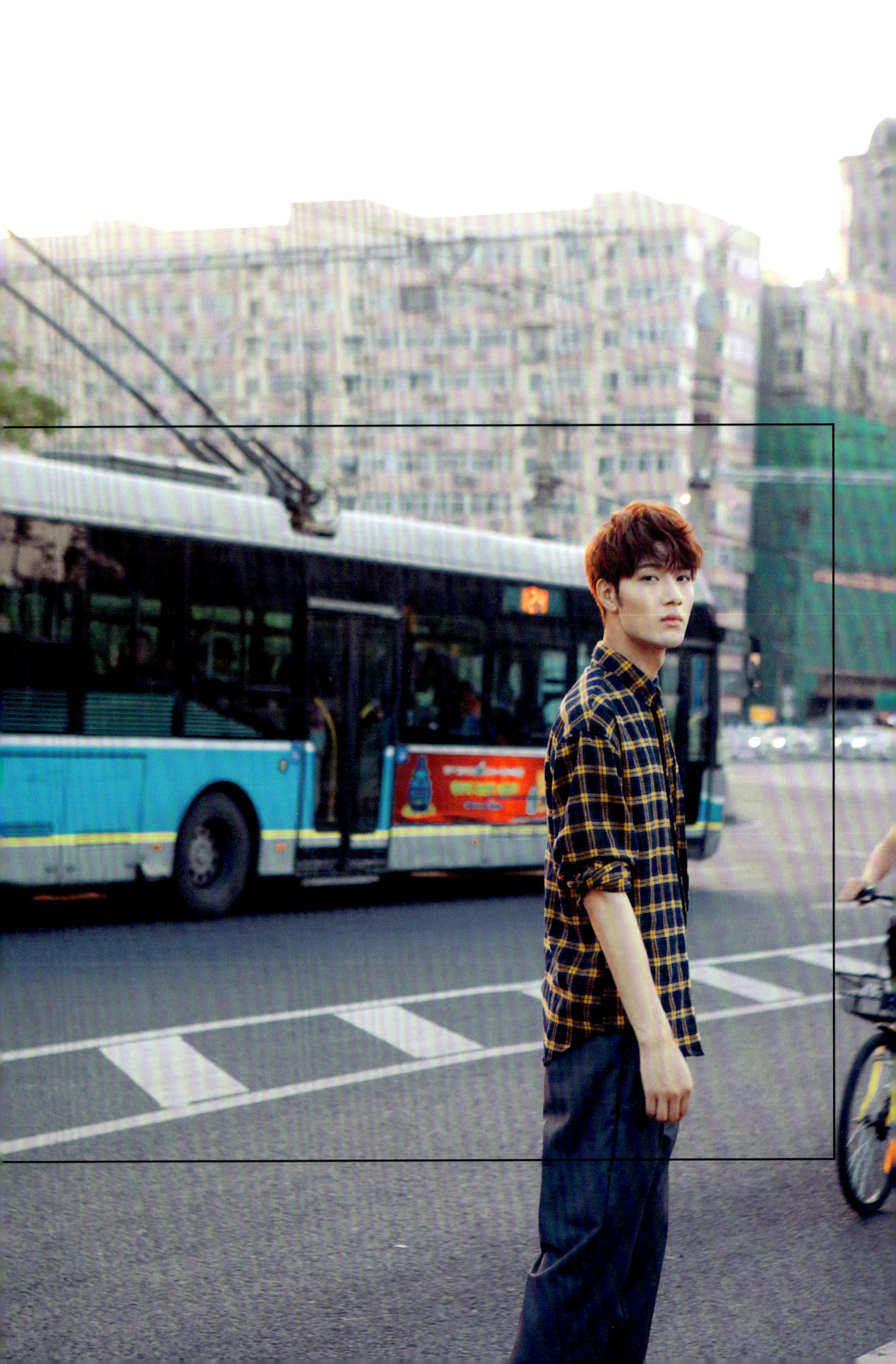

我的专业成绩在同学们中不算突出，身体协调性也是我最大的敌人，大概是从小不爱运动的缘故，身体的协调性没被激发出来，老师觉得我可能也就是来混日子的。所以我只能比他们花费更多的时间来训练，无时无刻不在琢磨各种方法和技巧。这样下来，一个学期后，专业成绩终于达到了我预期的目标。三年后参加高考，顺利地上了大学。

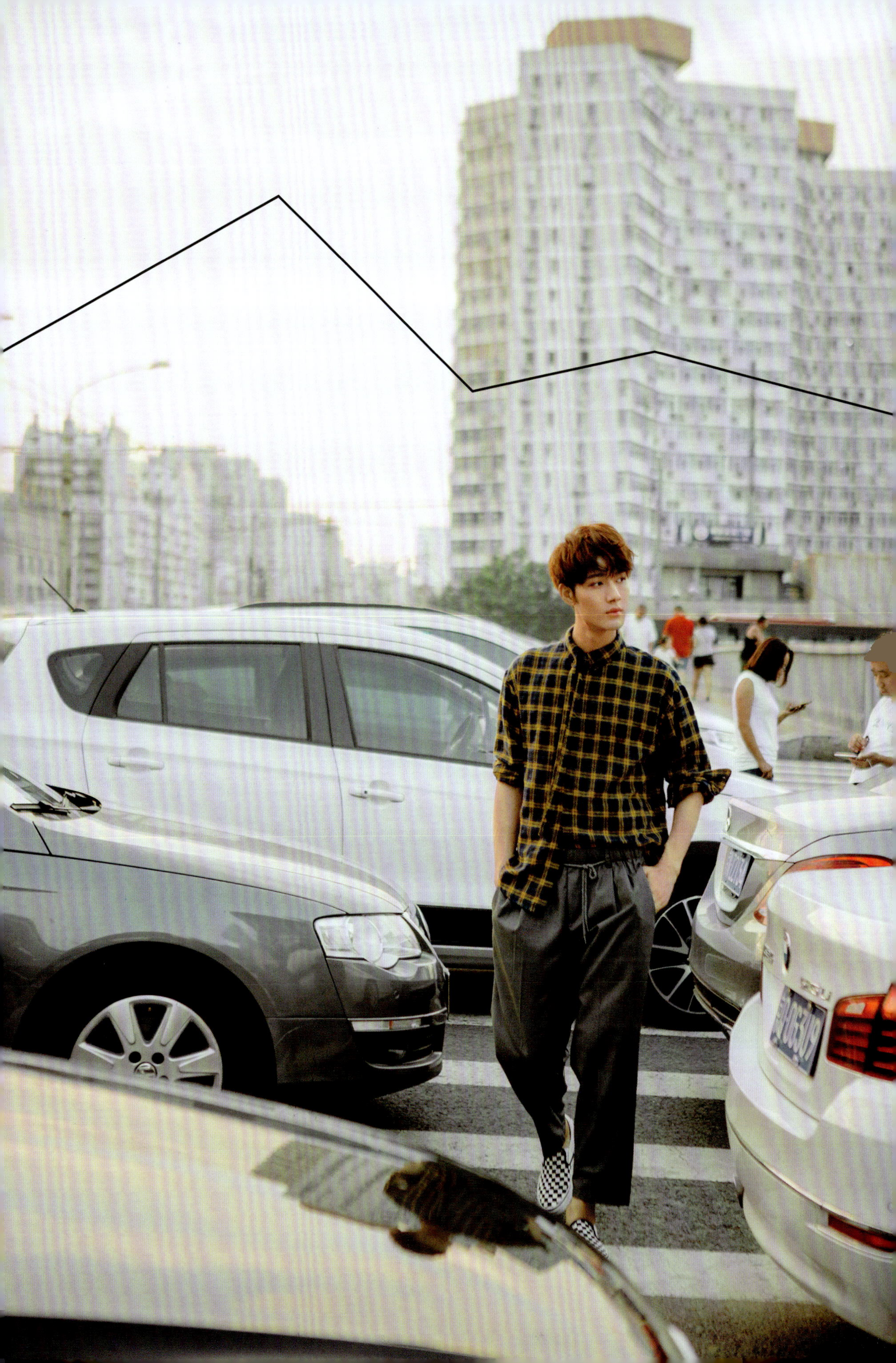

大学期间，我很幸运地走过一些时装周，在自己感兴趣的这条路上一直走着。可是成长就是一个奇特的事情，它会不知不觉地在你的脑子里插入一些启动程序，在特定的时间自行开启，让你进入一个新的思考模式。当自己要为自己的生活买单的时候，当你不得不思考职业规划之类的事情之后，一切好像变得沉重了。所谓的青春迷茫就这样不期而遇了。

就在我对未来充满疑惑和迷茫的时候，我遇见了一位改变了我人生轨迹的人，那位亦师亦友，亲切友善的前辈——王祖蓝。

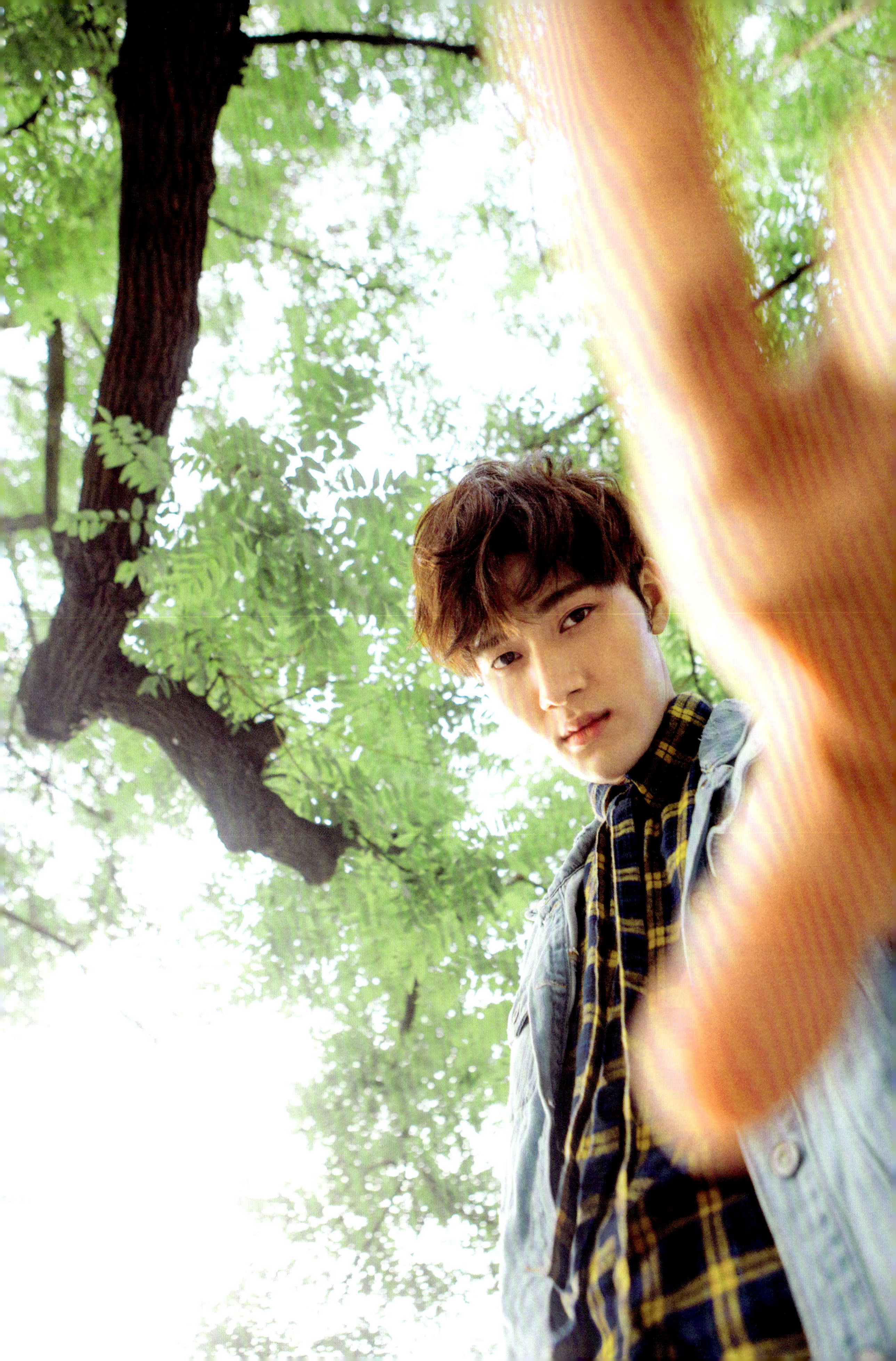

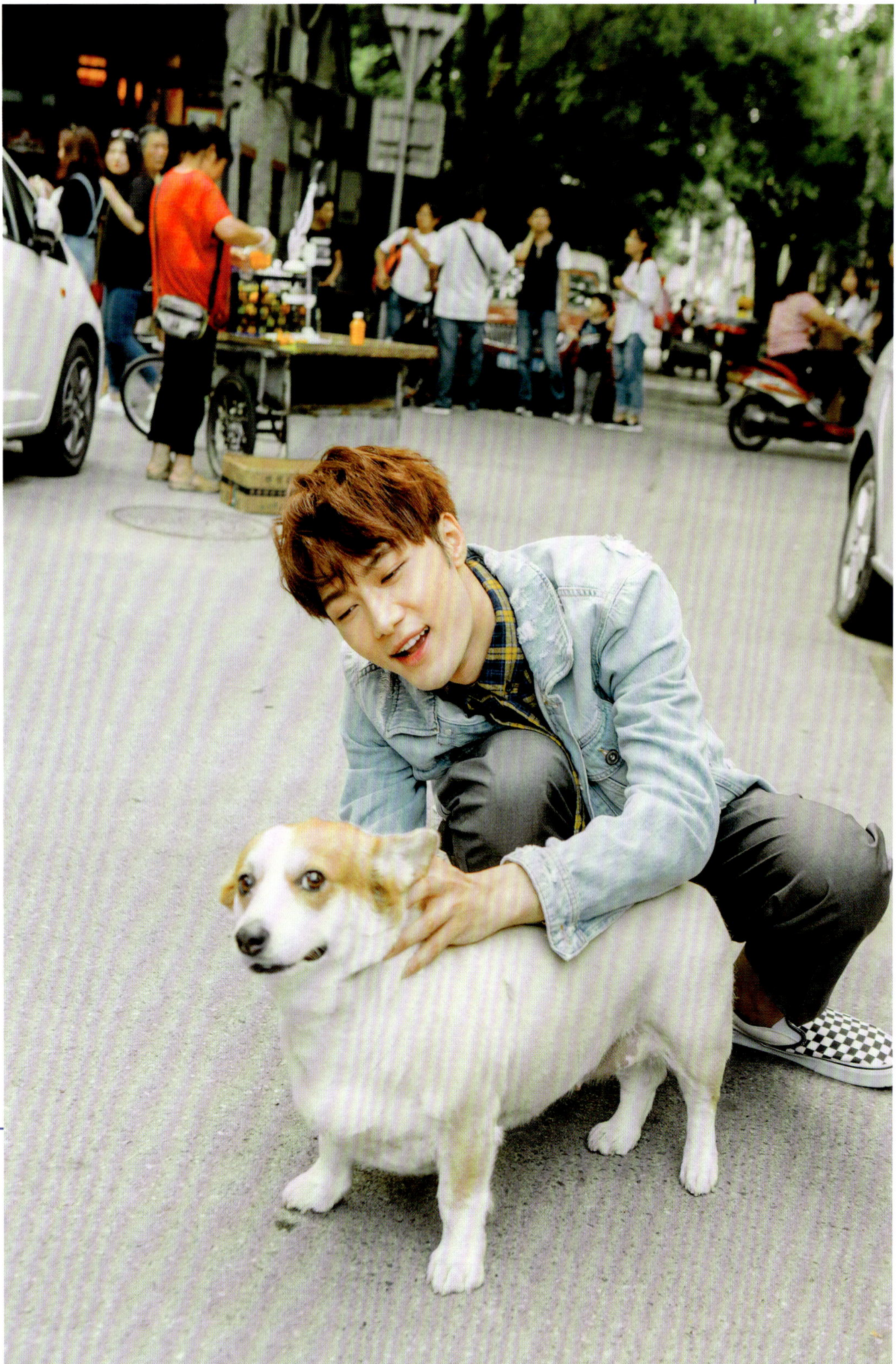

作为模特，我有幸参加了一档国内较火的综艺节目，第一次面对镜头和各位业界前辈，还有台下的众多观众，紧张程度不言而喻，完全不知道在台上的自己应该怎么做怎么表现，整个节目录下来仿佛脱了层皮。与此同时，王祖蓝创办的蓝媒手工艺传媒公司正在招募一些新锐有潜力的艺人。节目播出后没多久，我接到一个电话，让我去王祖蓝公司聊一聊，没想到自己在节目中的青涩表现居然会得到圈内人士的关注，那一瞬间，我的大脑一片空白，周身上下不知所措，激动喜悦这些词汇完全不足以形容我当时的心情。

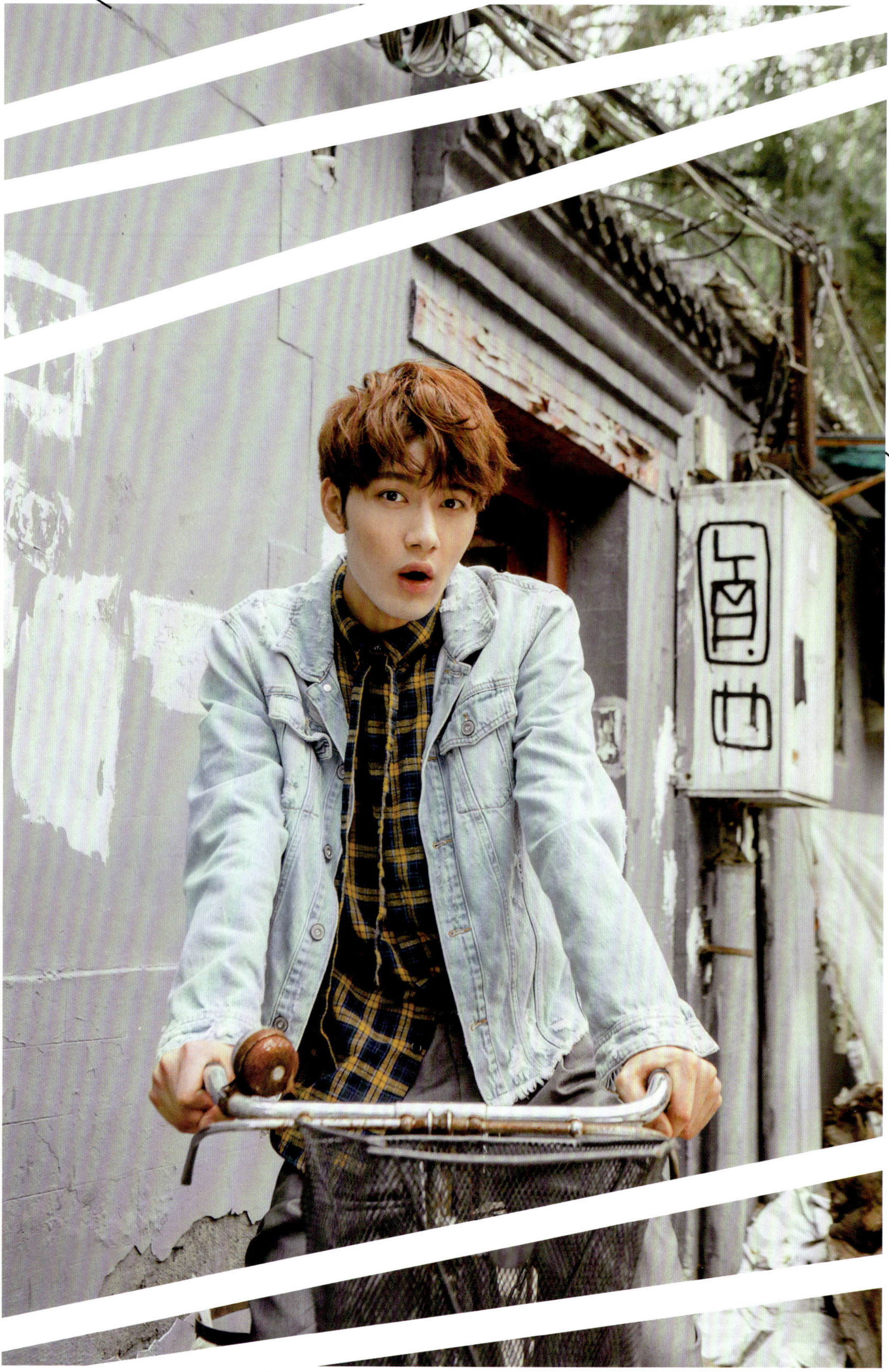

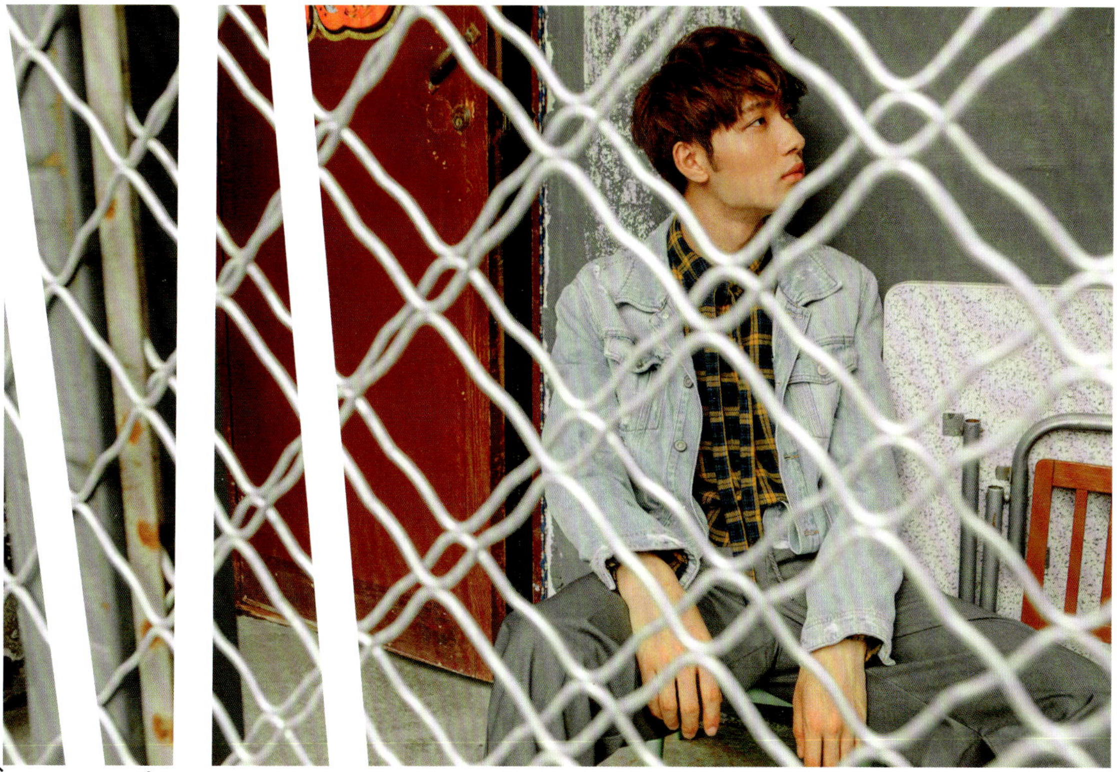

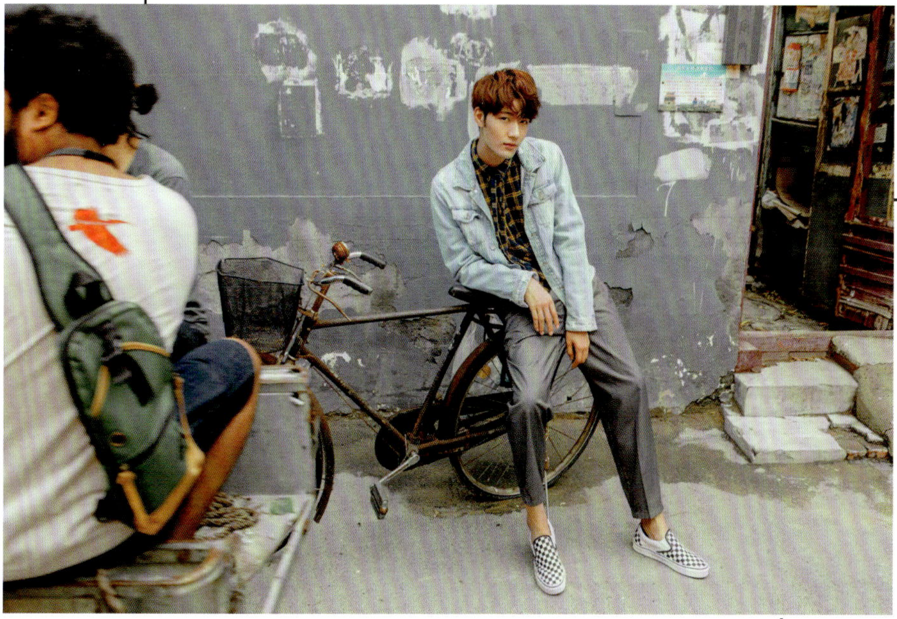

到了约定见面的日子，我清楚地记得那天，天有些灰，但我心情很明亮。我换上一身得体的衣服，直奔目的地。见到祖蓝哥的第一面，他笑脸相迎，我紧张的心情稍稍放松了些，我们面对面坐下，祖蓝哥给我递来一杯水，亲切得像个邻家大哥哥。我们聊了一些家常，也聊了一些关于我未来发展的规划。除了当模特，我不知道自己能不能做好其他工作，我没有信心，祖蓝哥对我说，事在人为，努力去做，结果有时并不那么重要。回到家，我回忆着这些天发生的事情，如同梦境一般，时而真实时而虚幻，这种感觉就好像在T台上，跟着音乐的节拍进入无我状态。我应该努力找到在T台上自信的我，回想起祖蓝哥坚定的眼神，我也更坚定了自己的信念，面对崭新的挑战，加油吧！陈子由！

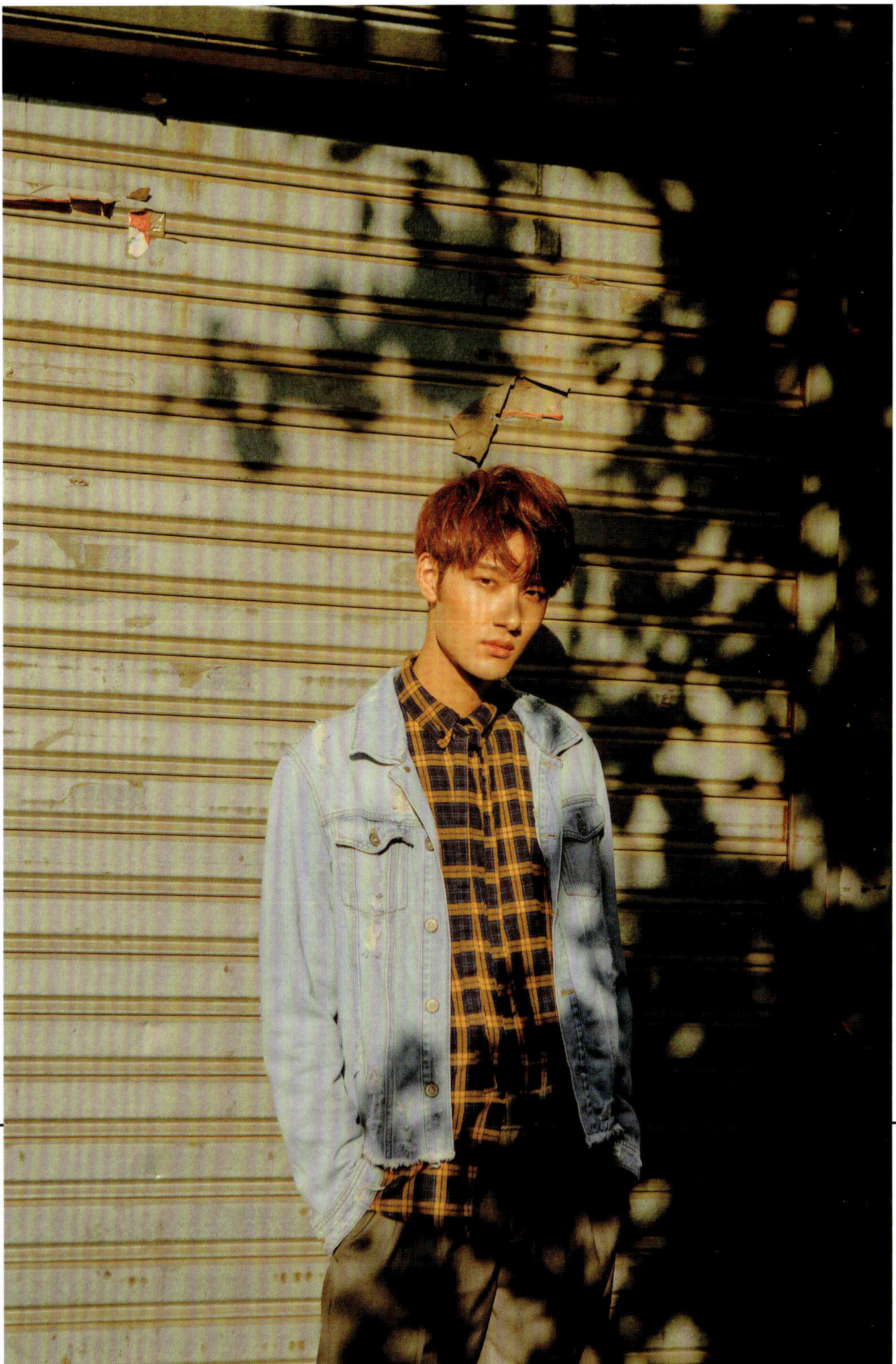

就这样，我受宠若惊地加入了祖蓝哥的团队，并开始了一系列严格的训练。首先我要成为一名合格的艺人，除了基础素养以外，心态也很重要。从和祖蓝哥相识，到得到他的器重，再到加入祖蓝哥团队和大家并肩努力，我不能辜负任何人的期望，特别感谢我遇到的每一个人，感恩命运中的相遇。团队里，我的年纪最小，前辈们都很照顾我，不管是在专业上还是在生活上，都无微不至。我唯有更努力，变成更好的自己，拥有更强大的力量去拥抱所有爱我和我爱的人们。

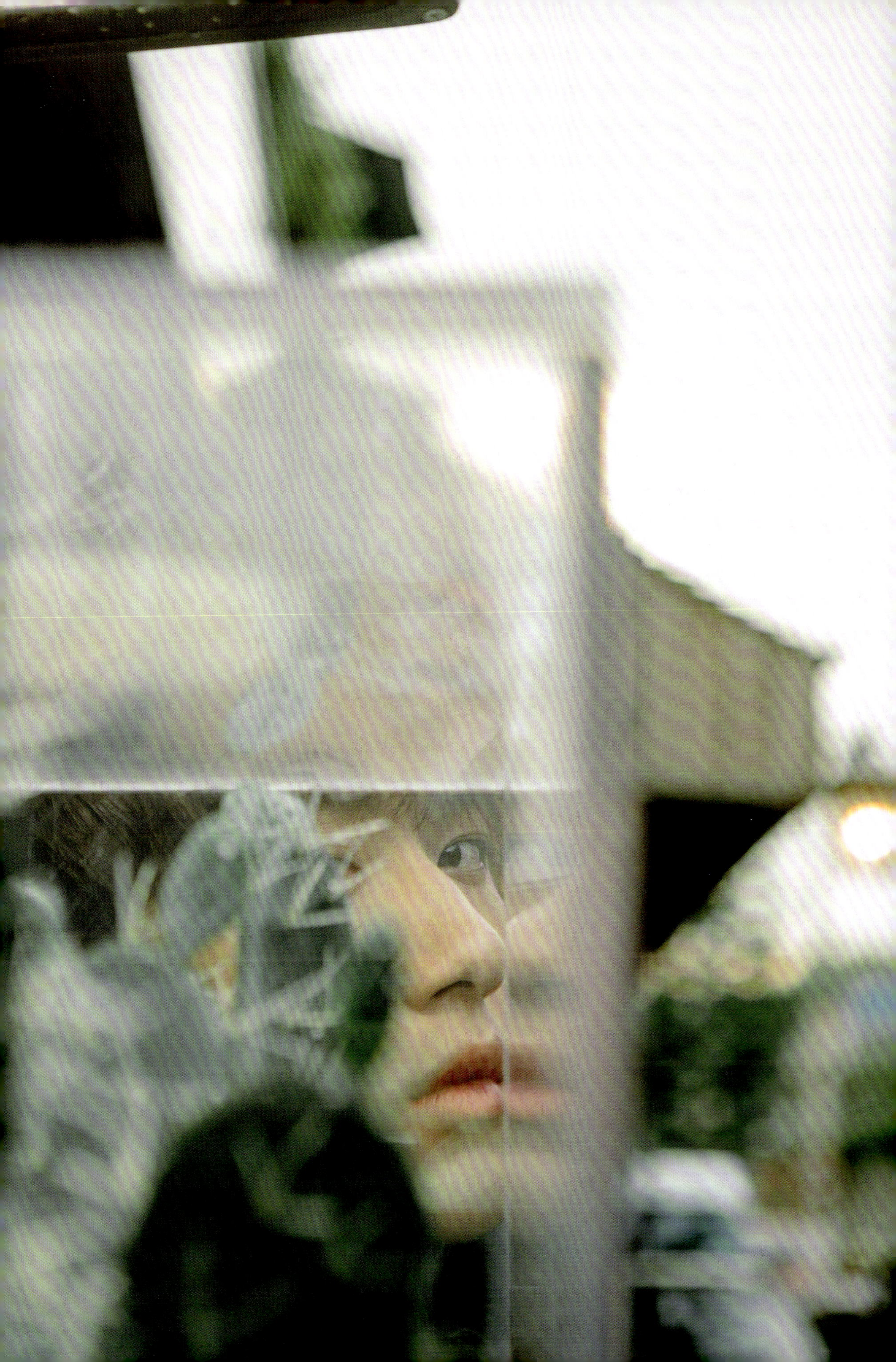

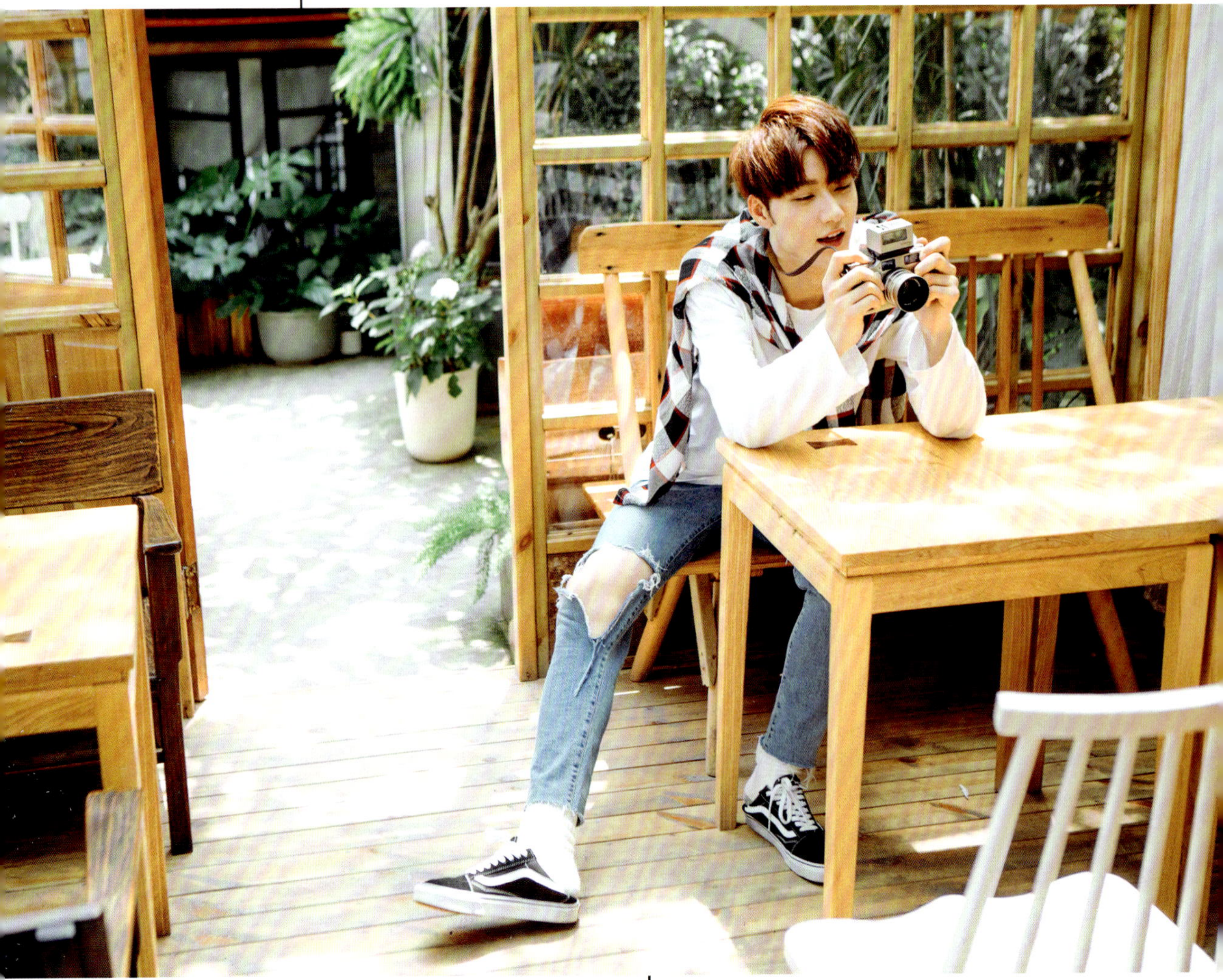

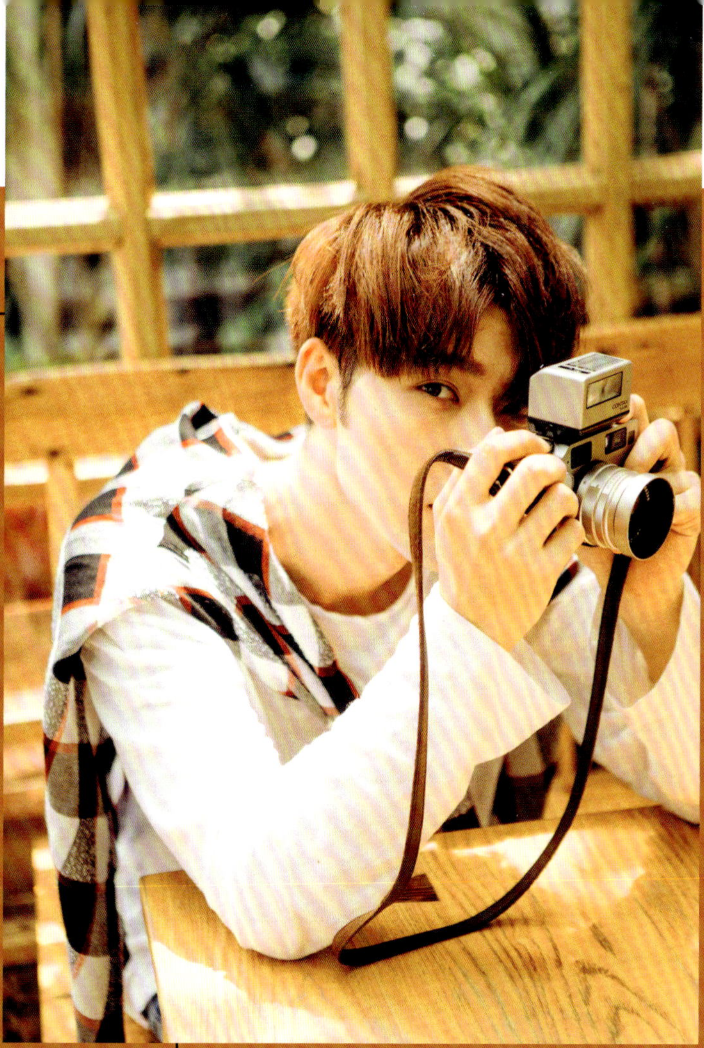

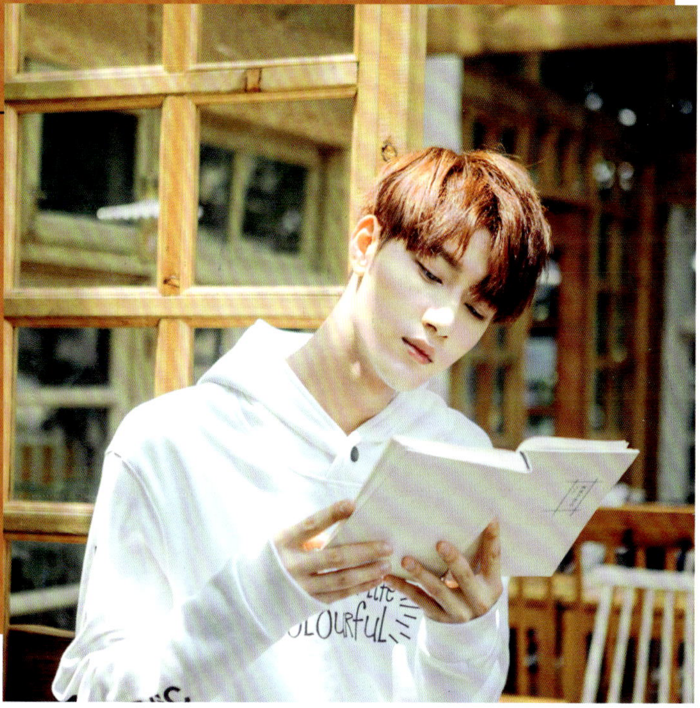

因为祖蓝哥，我有了很多的第一次，第一次通告，第一次拍戏，第一次录歌……每一个第一次都是我迈出的一大步，我希望踏实而有力地走下去。

在祖蓝哥身上我学到了很多，除了个人能力和天分以外，他的敬业精神让我尤其佩服。个人情绪完全不会影响到工作，展现在大家面前的永远都是那个欢乐、耍宝、聪明、机灵、可爱的形象。某些时刻，他会让我想起我的父亲，用最柔软的眼眸看这个不那么柔软的世界，心中充满爱。

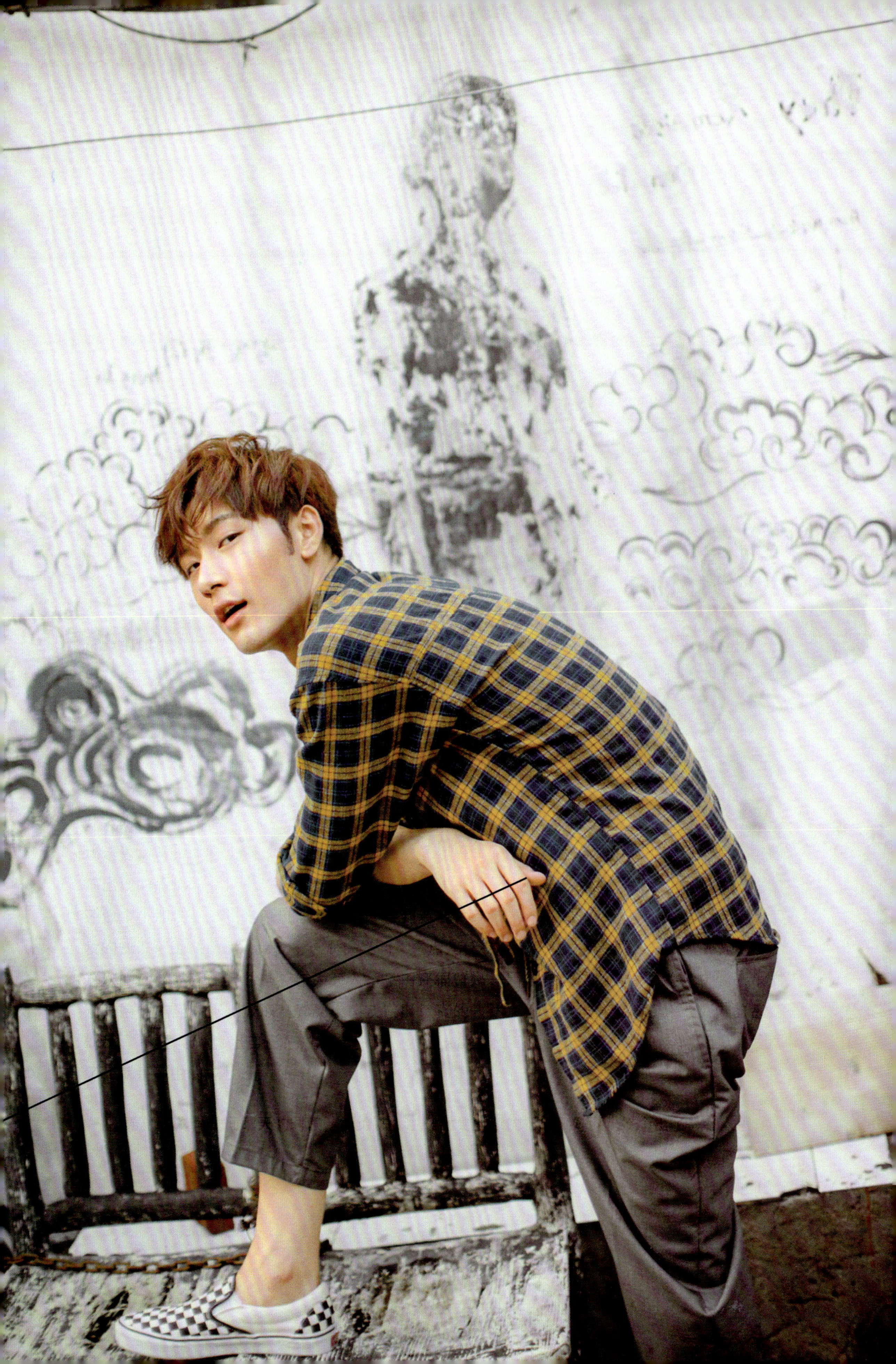

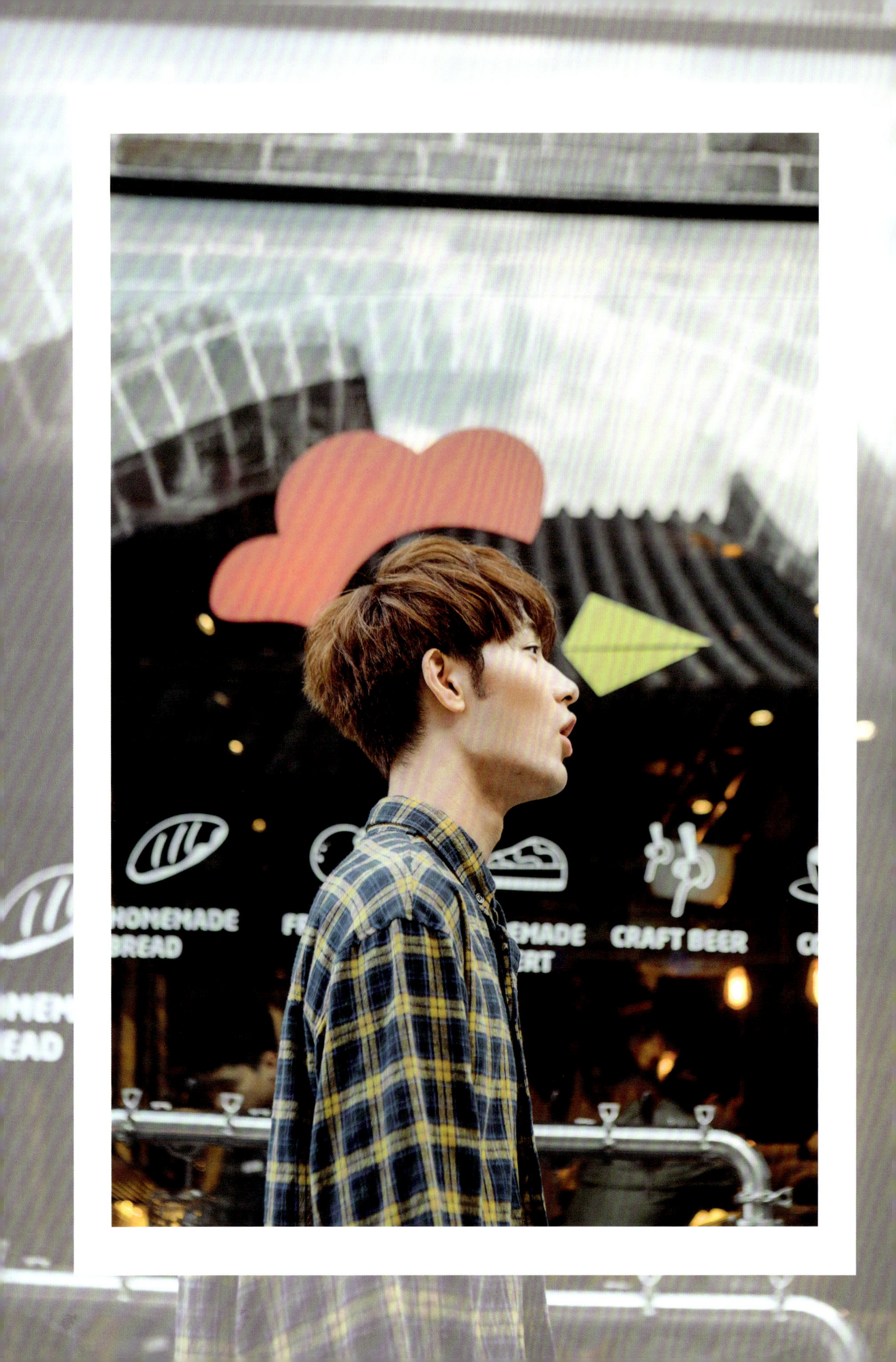
HOMEMADE
BREAD
CRAFT BEER

和祖蓝哥一起上节目，一起录歌，一起拍杂志，每一次他都会给我最合适的建议，如何表现自己，着装如何，怎么面对各种突发情况，他毫不吝啬地把自己的经验教给我。面对镜头我时常会紧张，他教会我如何放松自己。很多时候，我只需观察，他的身体力行是一本最好的教材。

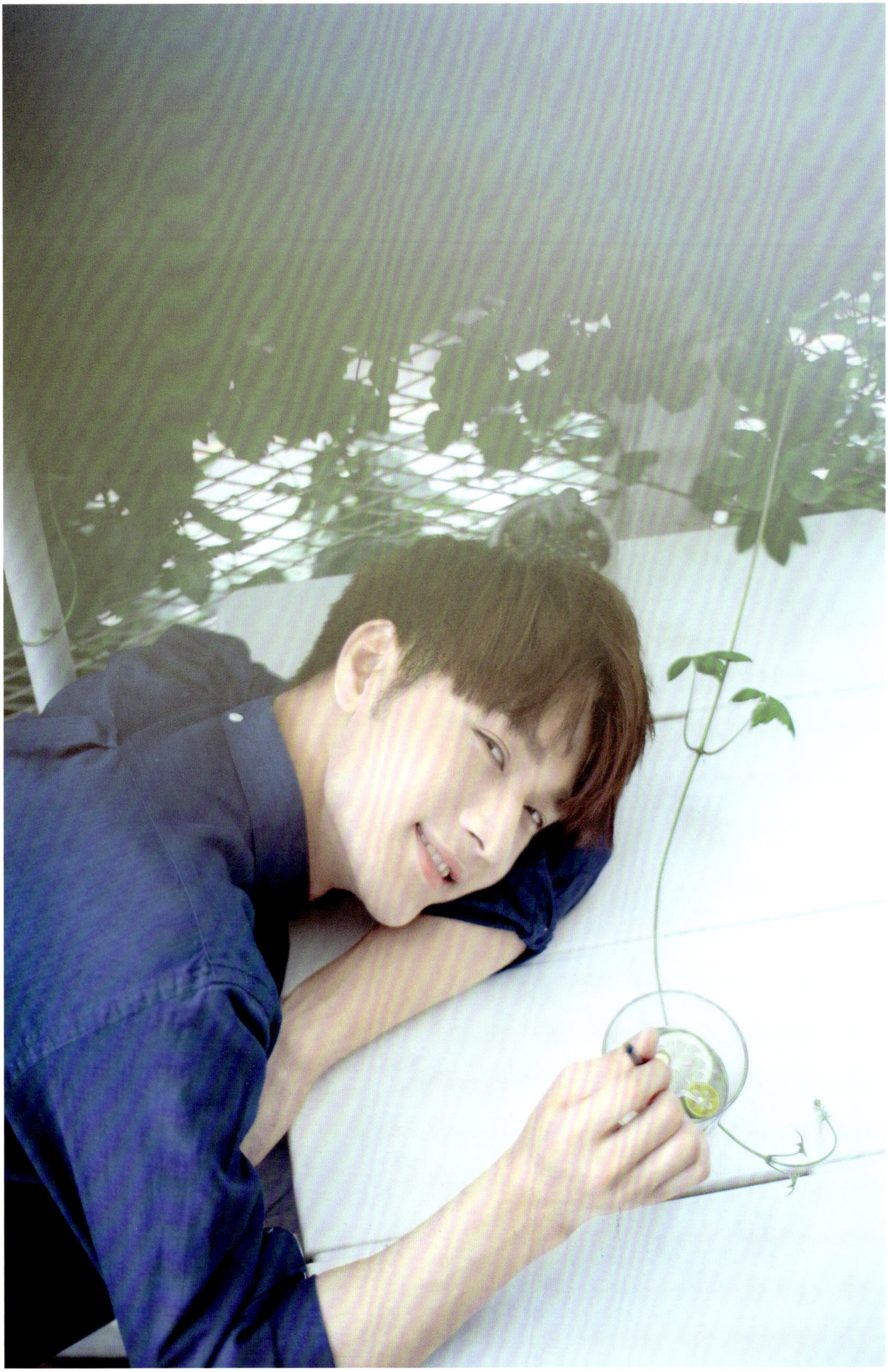

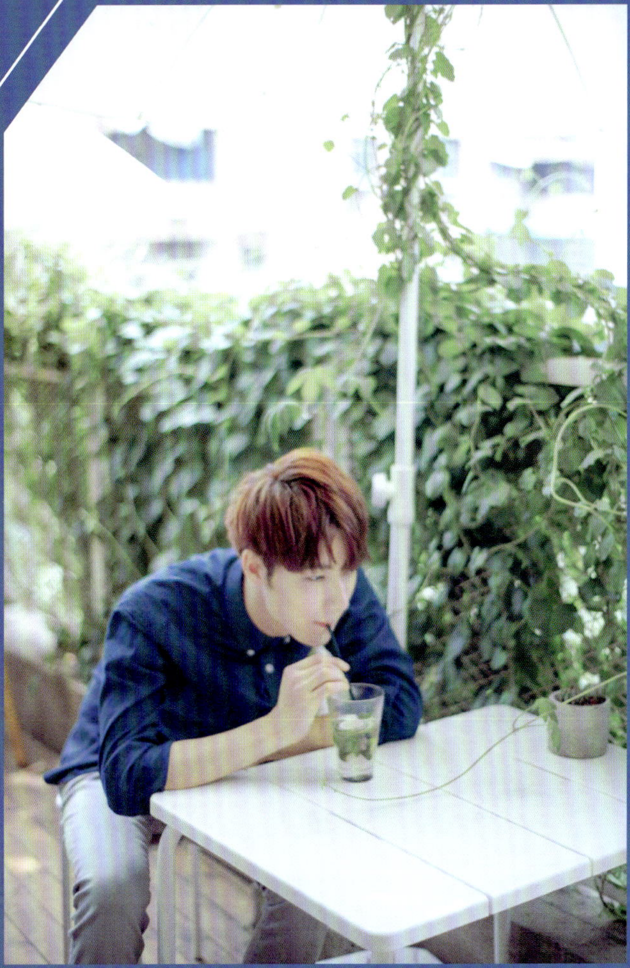

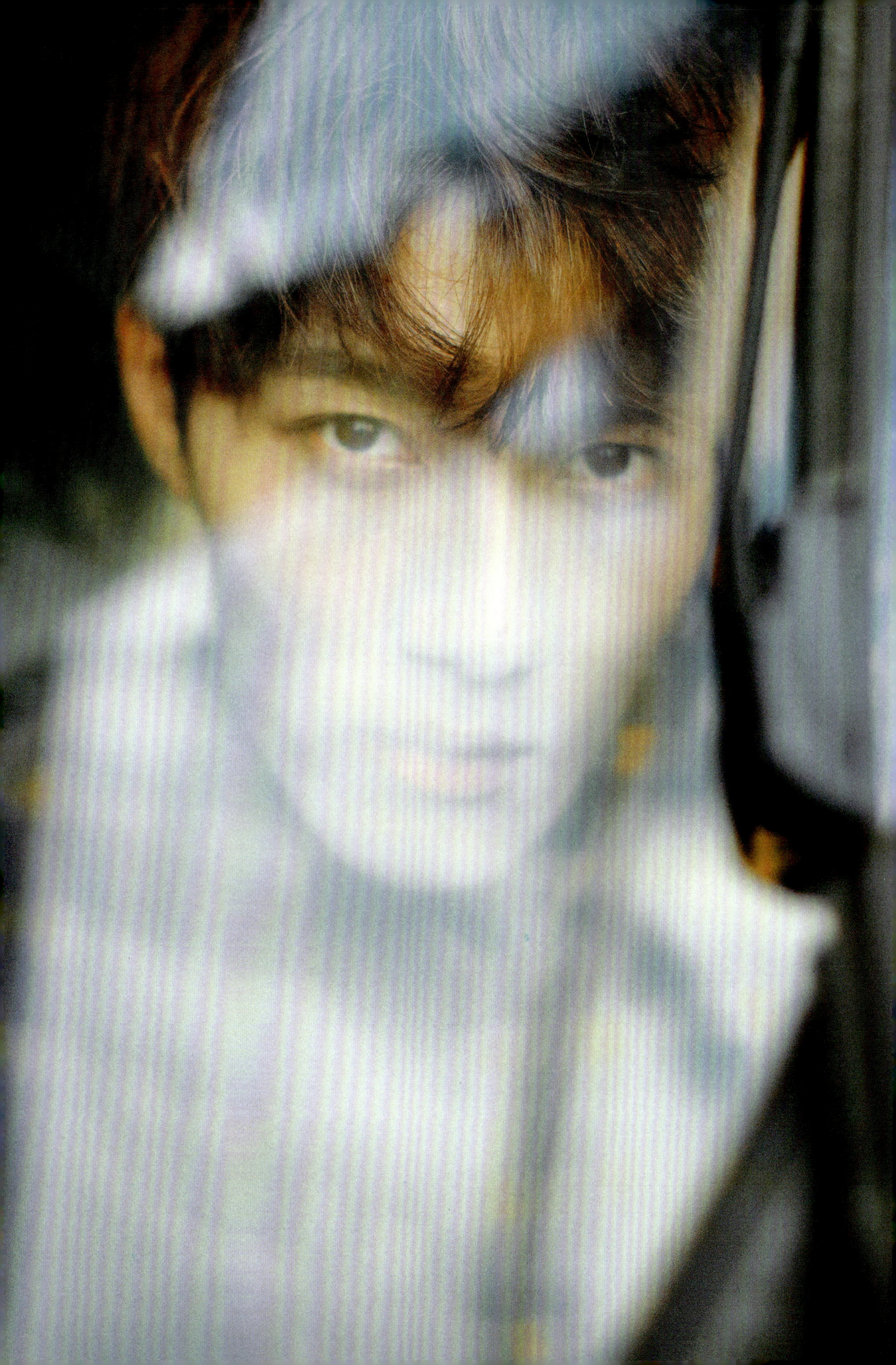

生活中，团队里的每个人都会给我带来不一样的人生经验。

当模特的时候，我爱那个在T台上自信的自己。现在当演员，虽然刚刚入门，但我渐渐喜欢上戏里戏外的真实感。我爱演戏，也爱生活，想要演好每一个角色，我得加倍努力地去体验每一段生命的旅程，做好自己，带着你们的爱。感谢，感恩。

SEEING

/ 青 / 春 / 就 / 像 / 一 / 场 / 旅 / 行 /

## 「看 / 见」
亲爱的王子大人

一辆绿皮火车在我眼前

缓缓经过，里面有新人

有旧人，有新事有旧事，

辗转往复。

*something*

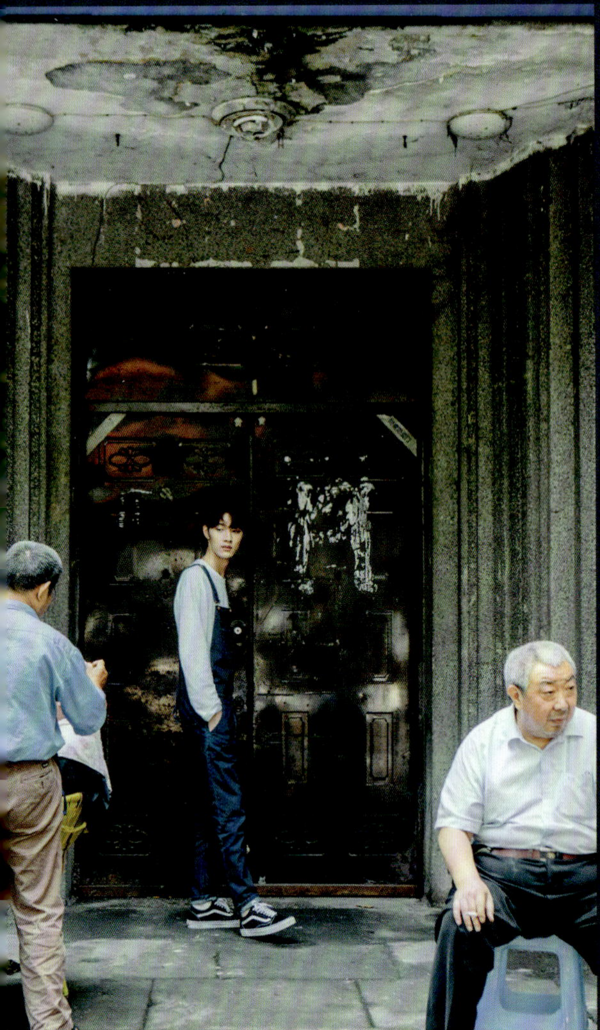
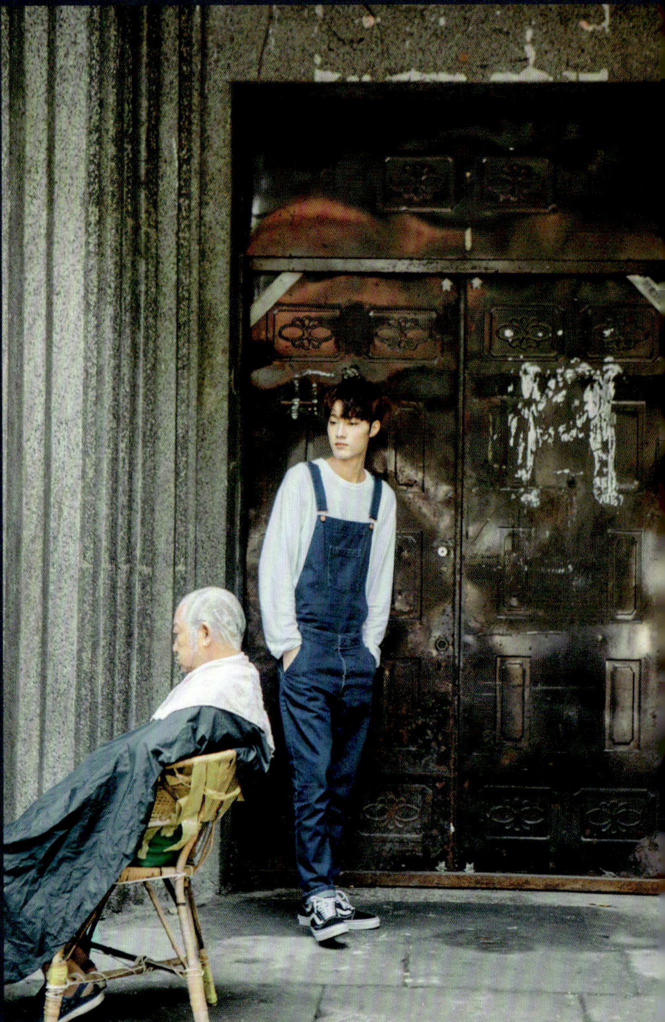

进入演艺圈后，我陆续主演了《热血情敌》《攻略前女友》等多部影视剧，参加了《胜利的游戏》《浙江卫视跨年晚会》等多档综艺节目。作为一名从模特转型的演员，演技对我来说是一项巨大的挑战。2017年，我主演了由于中中导演执导的网络大IP剧《亲爱的王子大人》，上线一周后，网络播放量破亿，欣喜的同时，我感到了更大的压力和使命感，如何更好地提高演技，和保持最佳的状态，是我接下来主要的努力方向。

我出演了《亲爱的王子大人》中人气流量小生周奕然一角。因为周奕然在剧中的人设是帅气十足男友力满分的人气偶像，所以我必须时刻保持完美的外形和良好的精神状态，在剧组的那段时间里，除了没日没夜地背台词外，最受折磨的就是嘴馋的我强迫自己只能吃无油无盐的蔬菜，以此来保持最佳形象。我希望自己和角色是统一和谐的，这是对所有剧组工作人员的尊重，更是对观众的尊重。

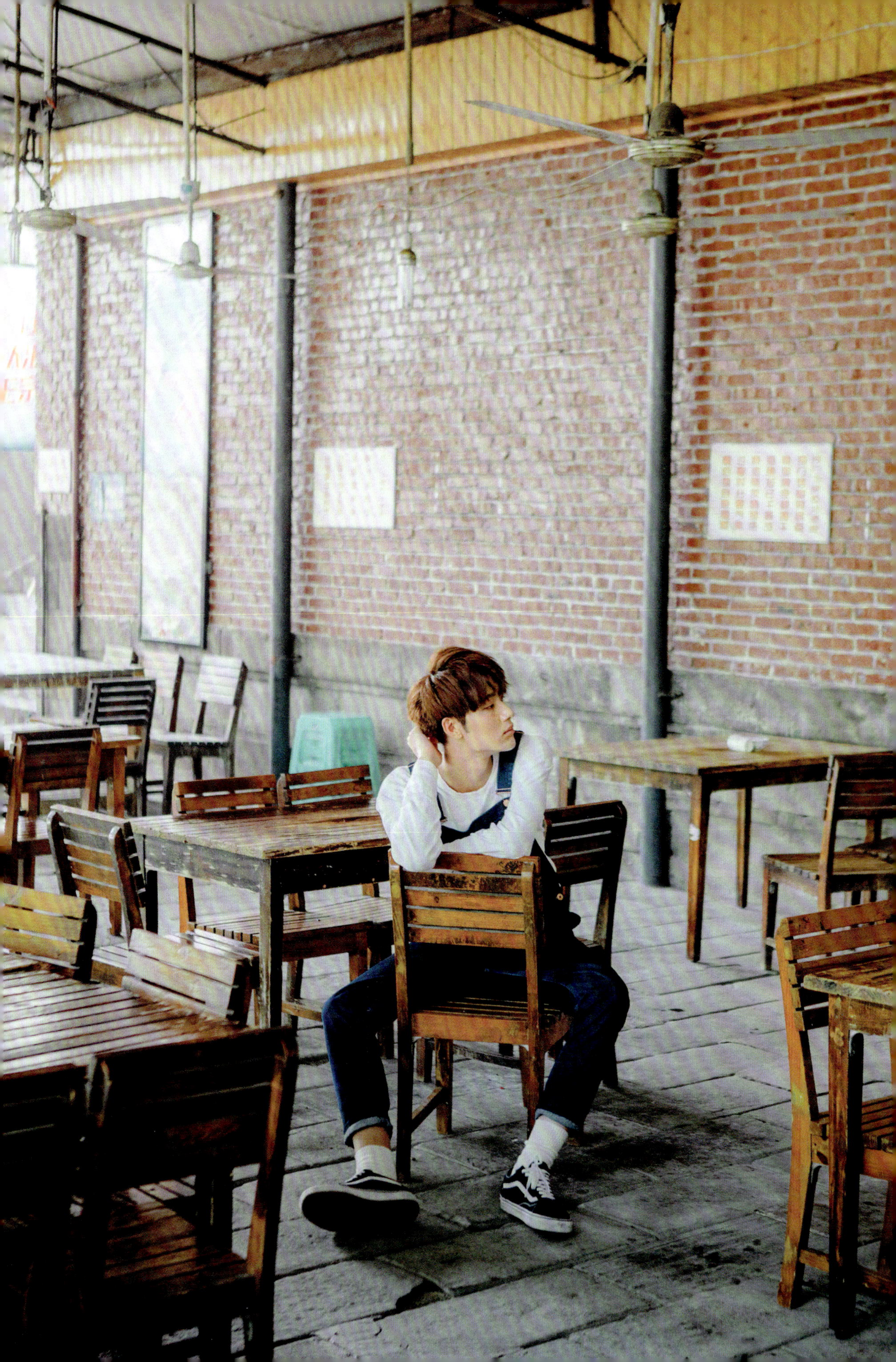

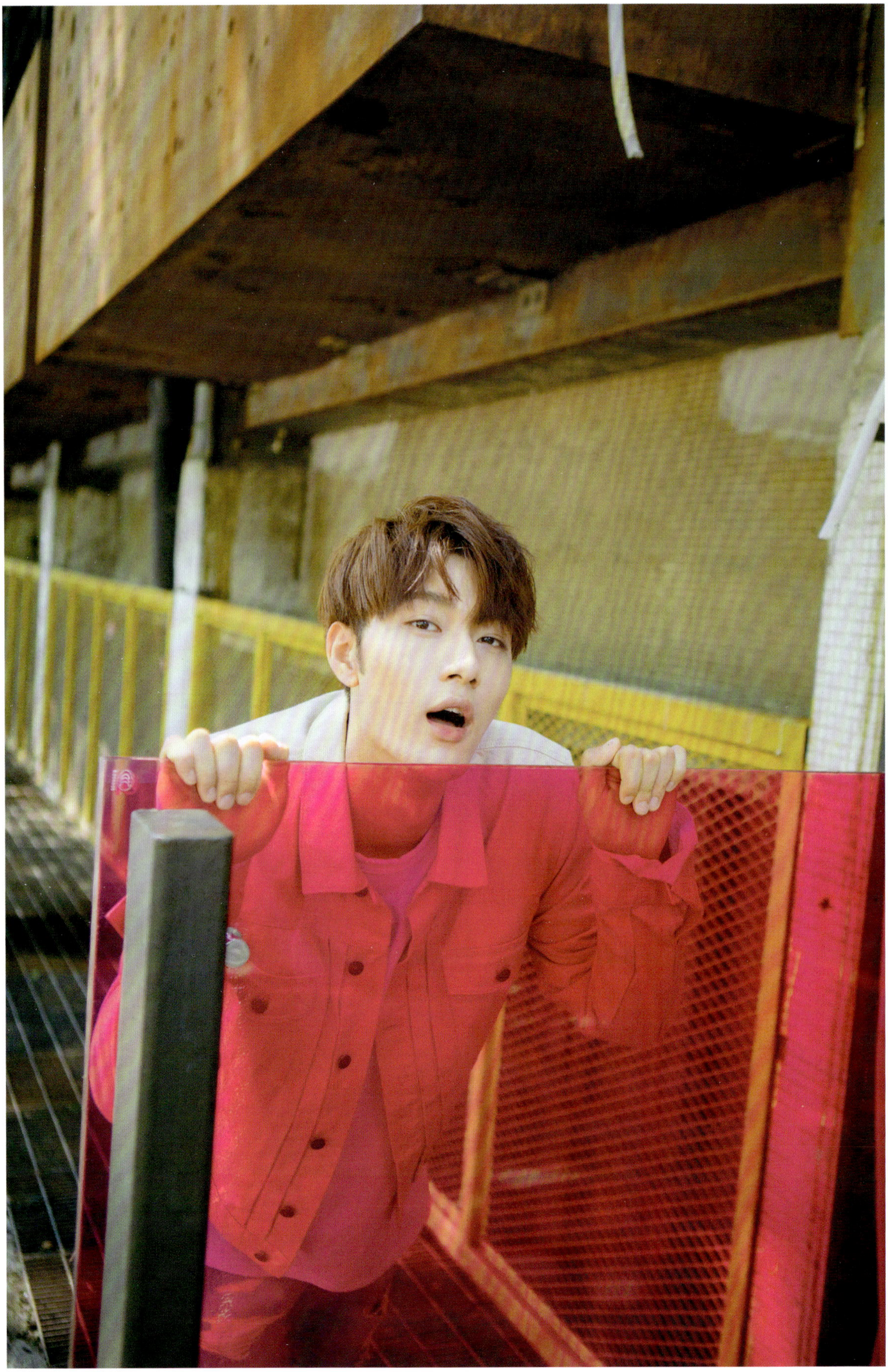

Journey

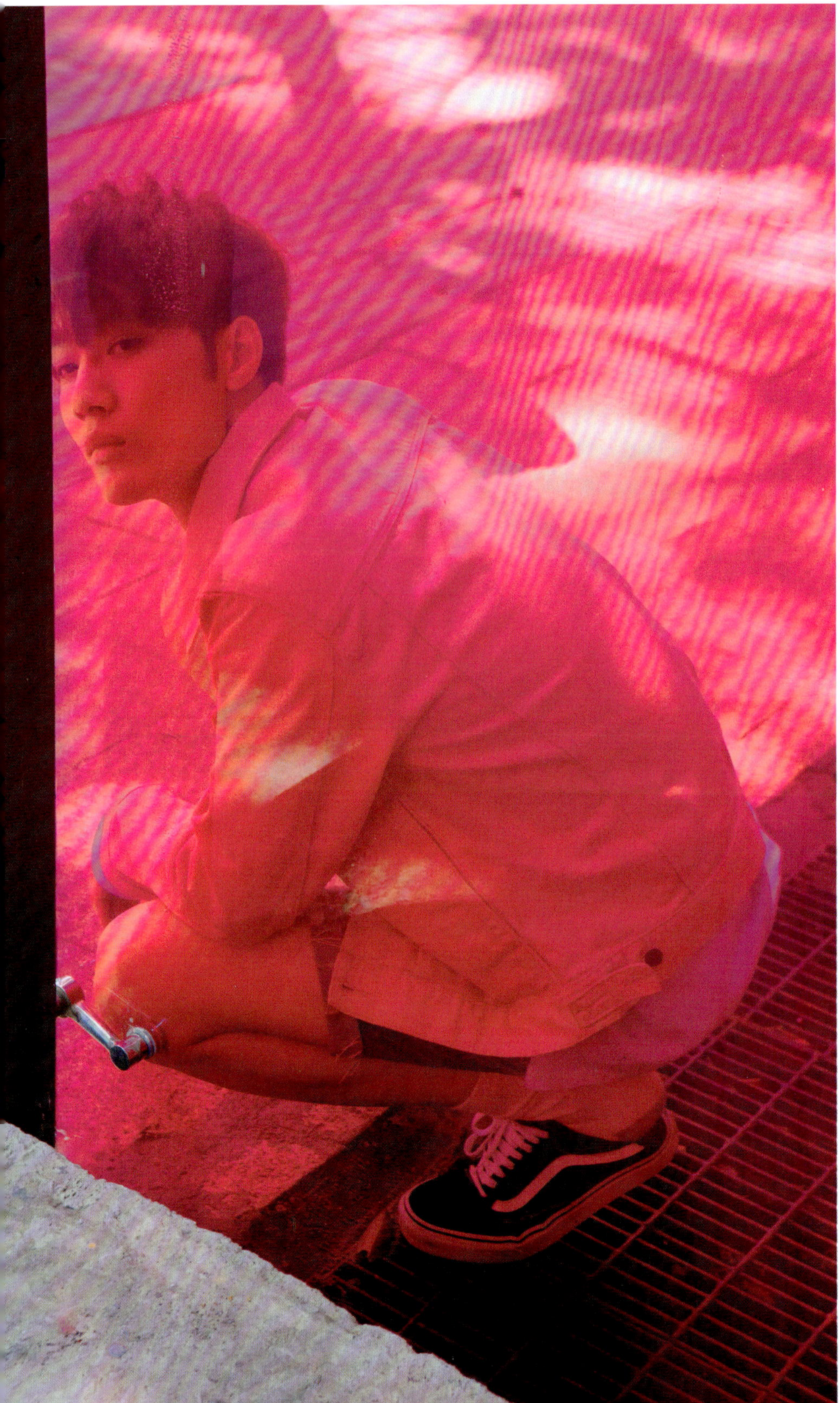

Journey

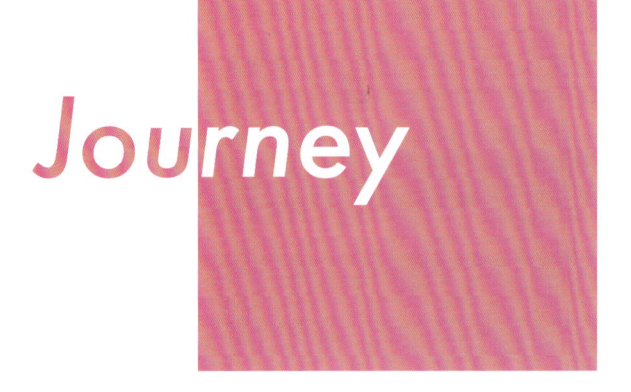

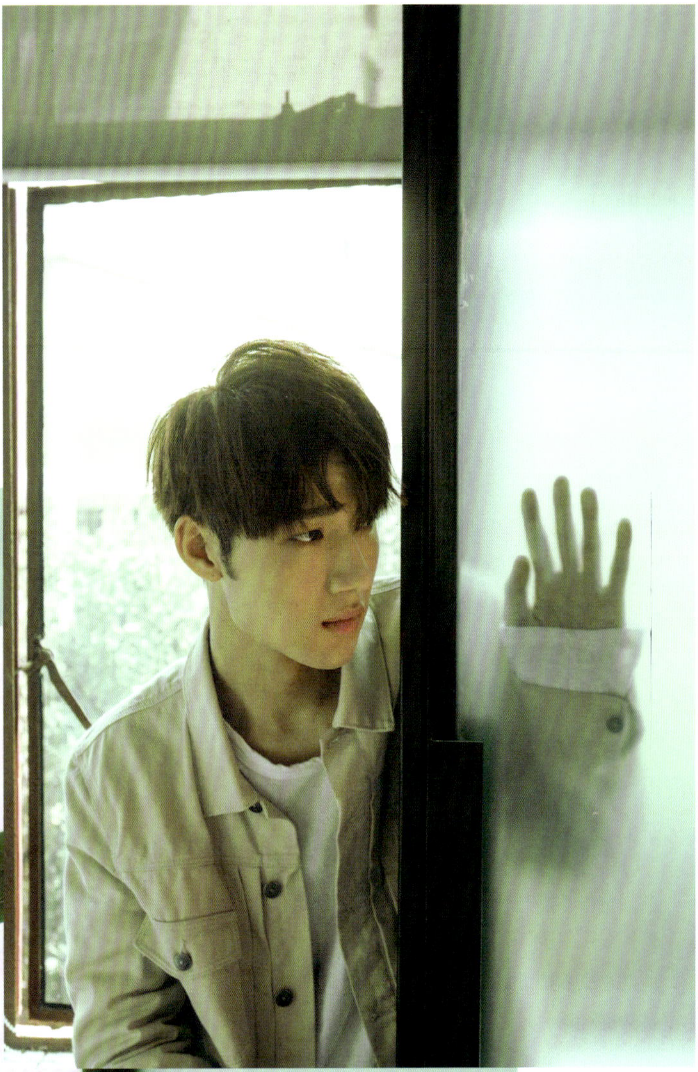
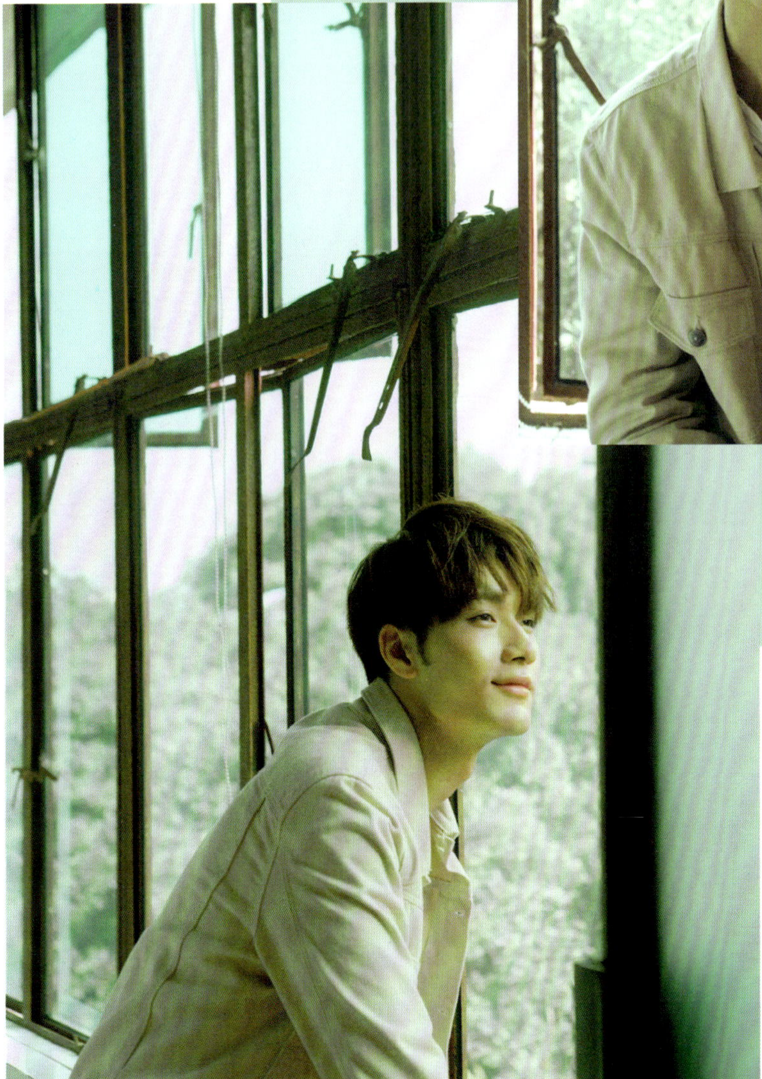

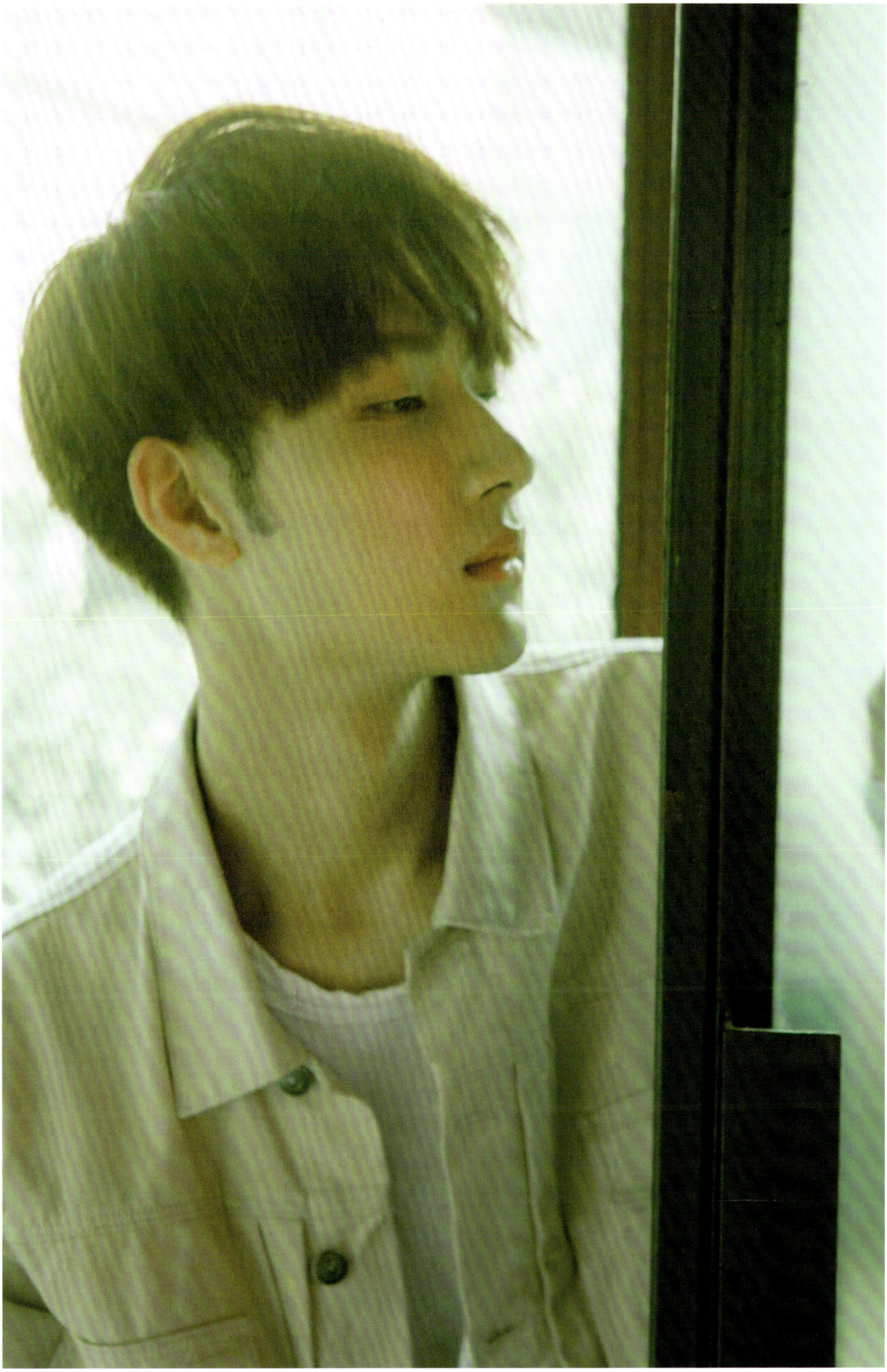

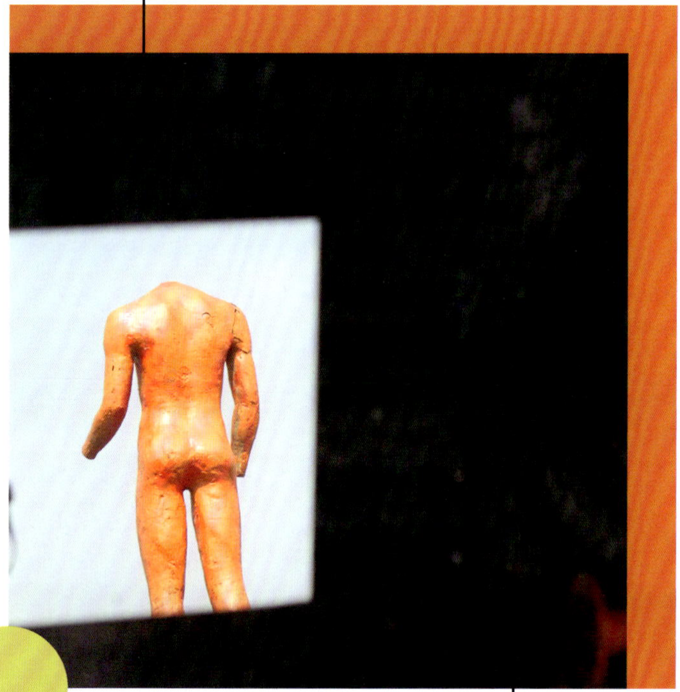

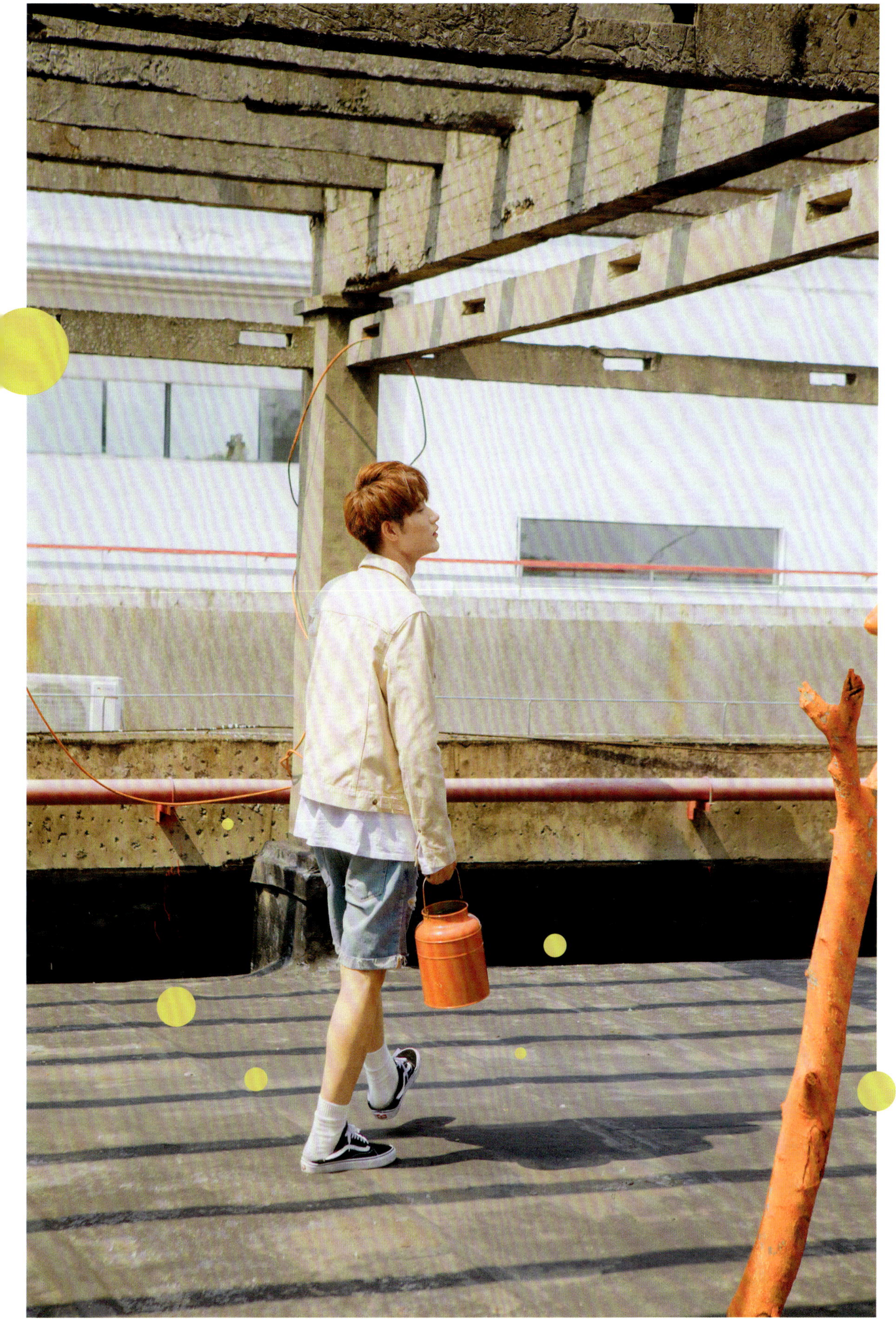

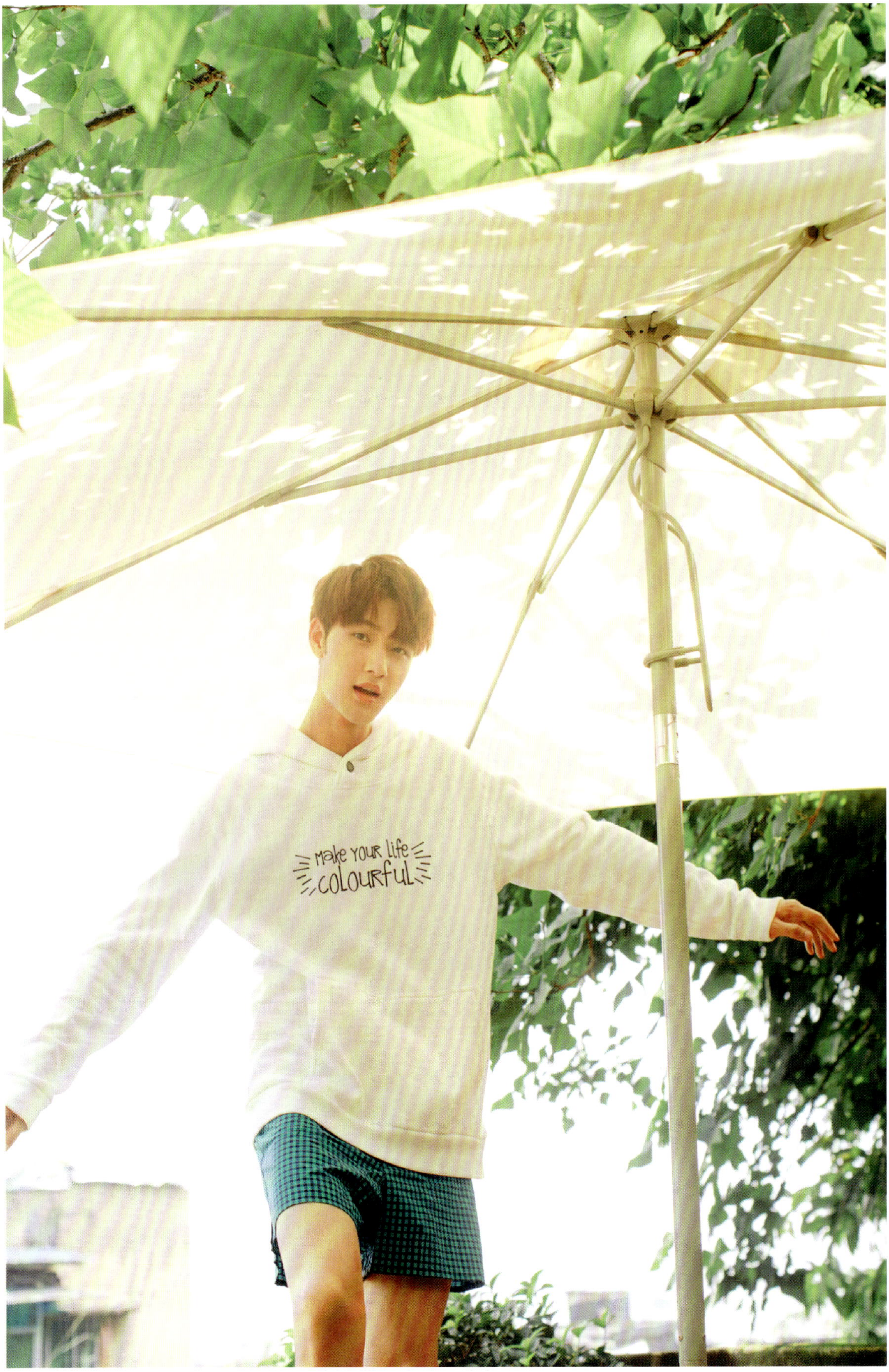
Make your life
colourful

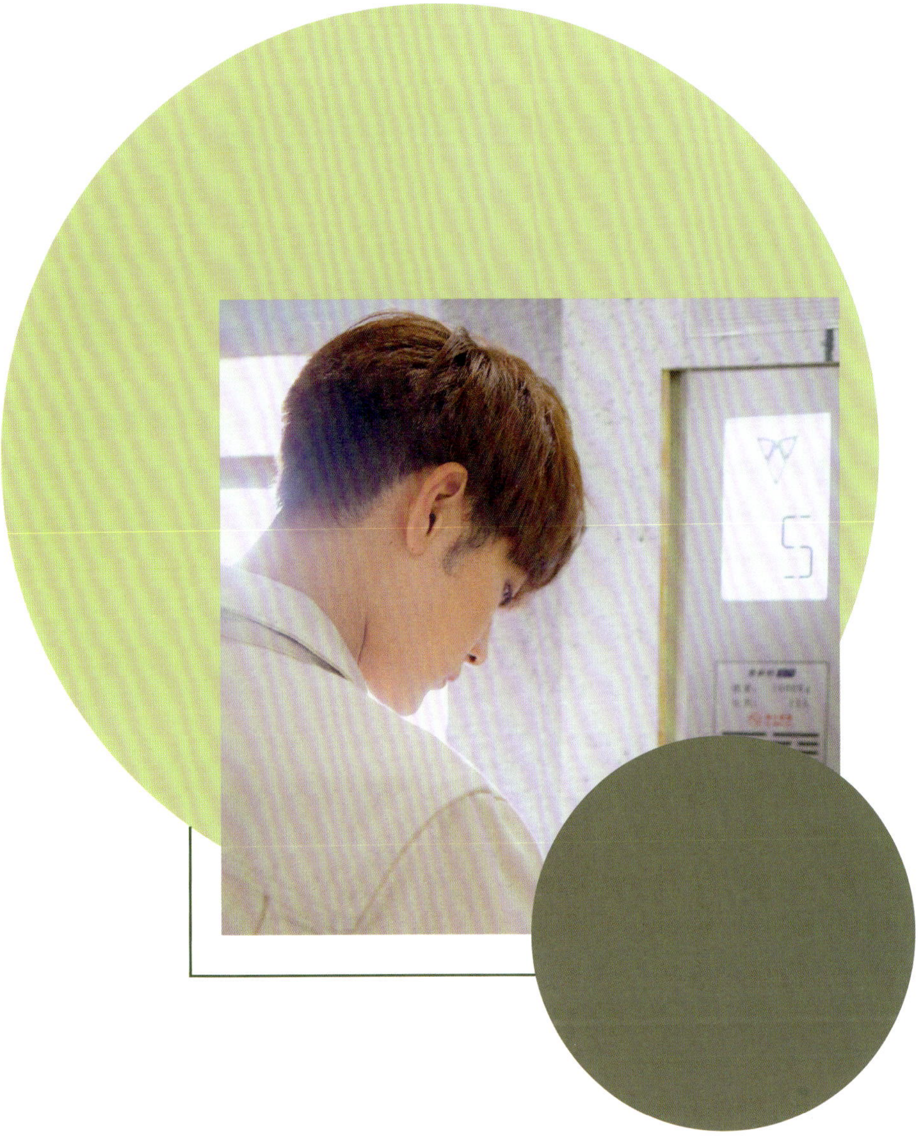

Modesty

G L O B A Z
. . T I Y H
C O P O . .
. . . U . .

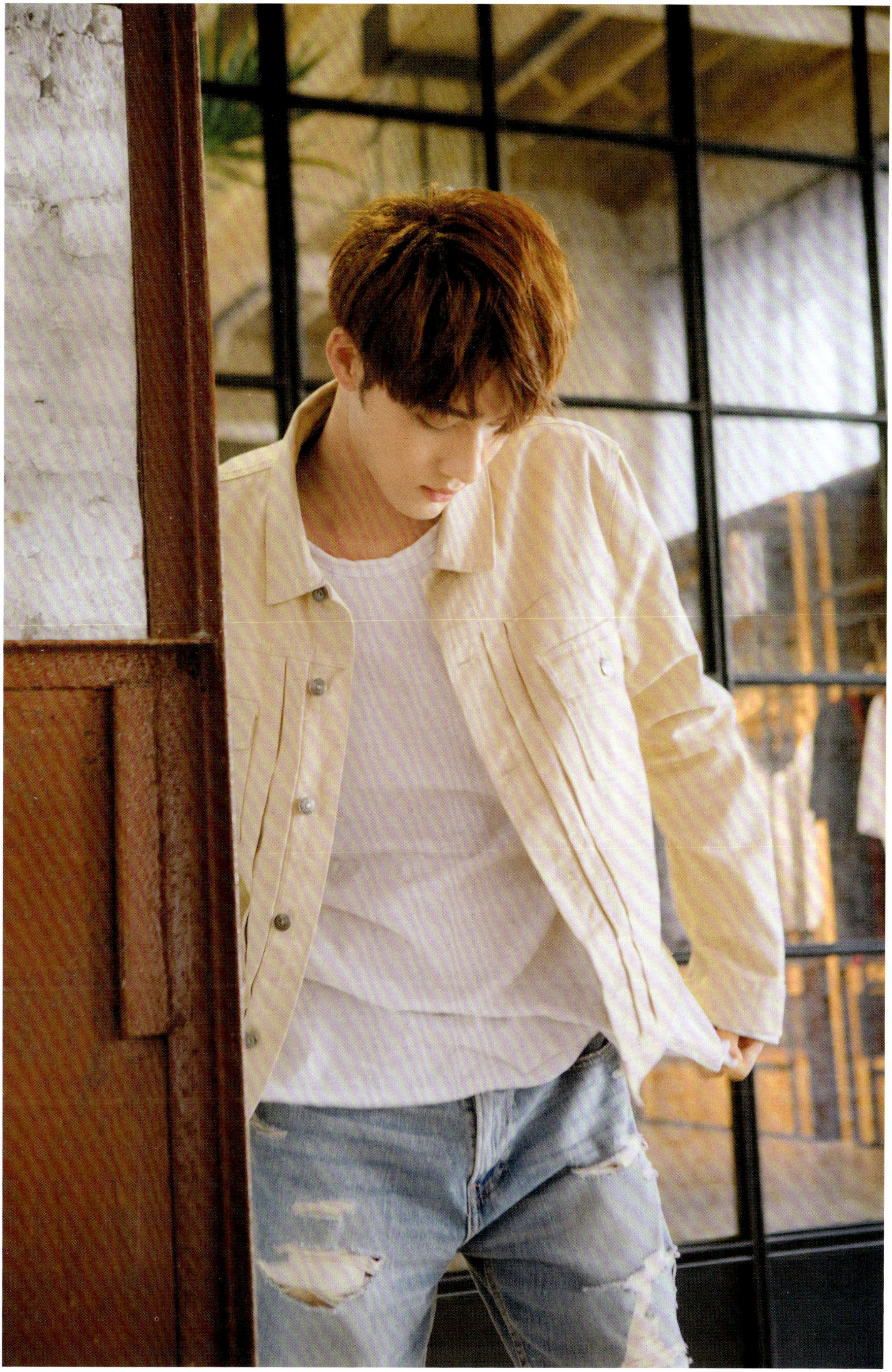

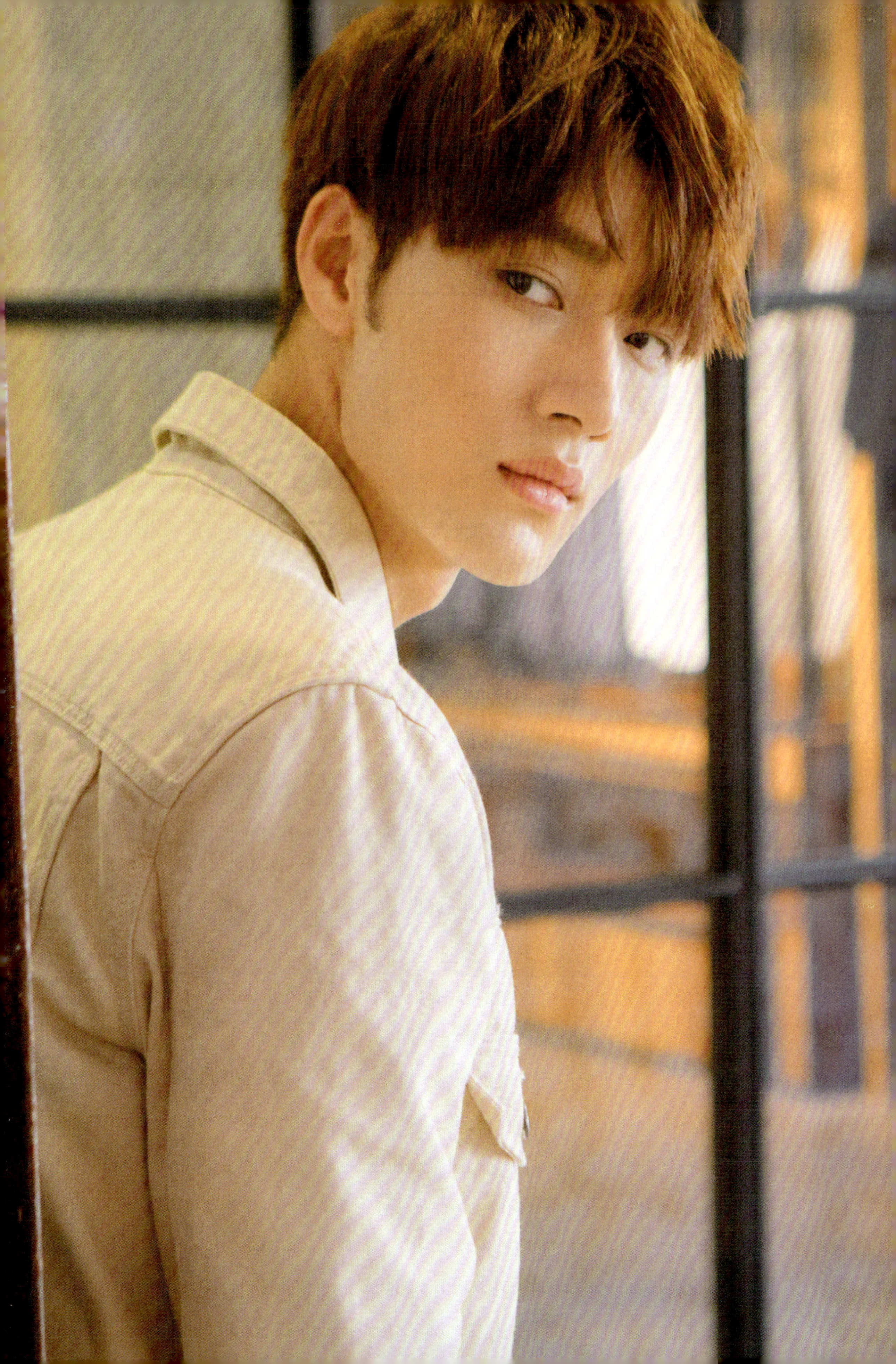

```
■  ·  ·  ·  ·  ■  ·  ■  ·
G  L  O  B  A           Z
·  ·  T  ·  Y           H
·  C  O  P  O  ·  ·  ■
·  ·  ·  ·  U  ·  ·  ·
·  ·  ·  ·  ·  ·  ■  ·  ■
```

Take off
MY JACKET

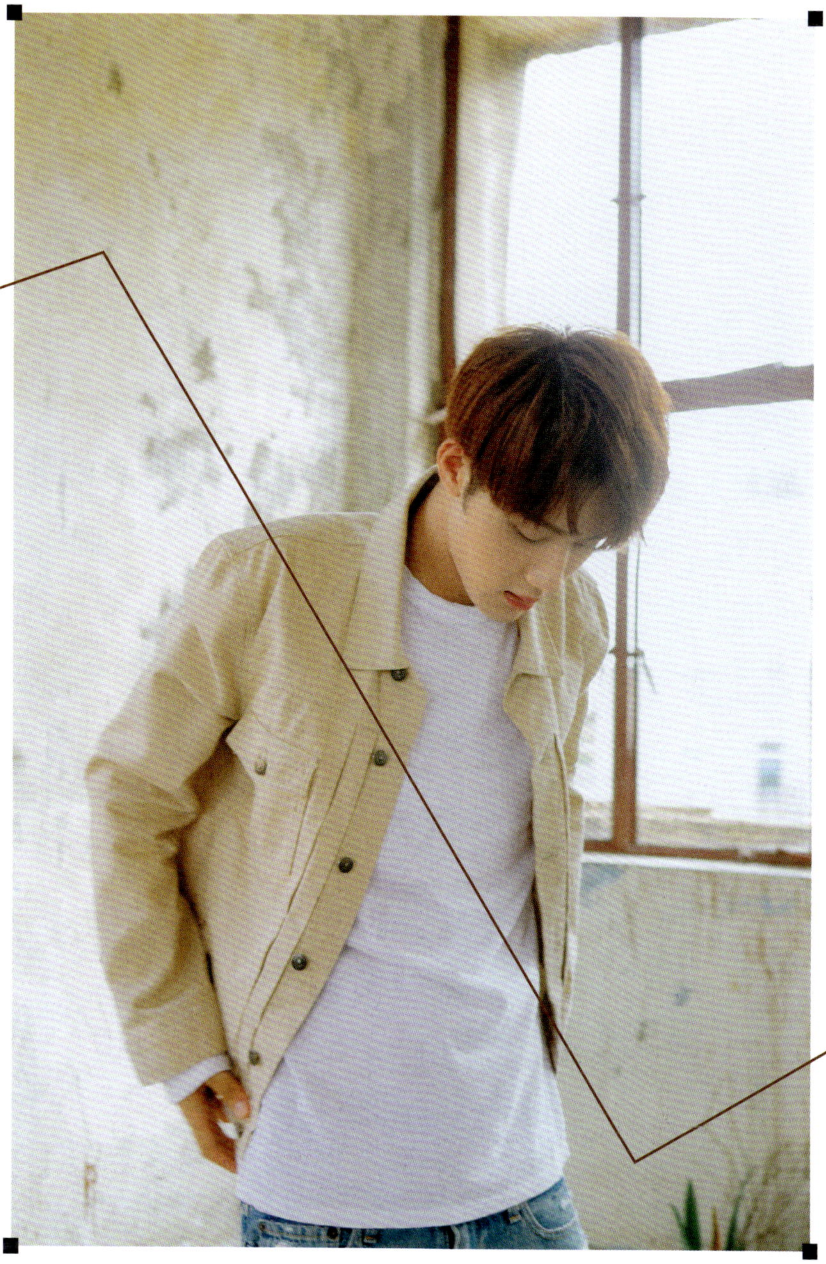

周奕然身上散发着满满的正能量，努力、正直。他外形阳光帅气，之所以能成为偶像，更多的是自身的人格魅力和精神品质。我在饰演他，他的影子也投射进我的生活。

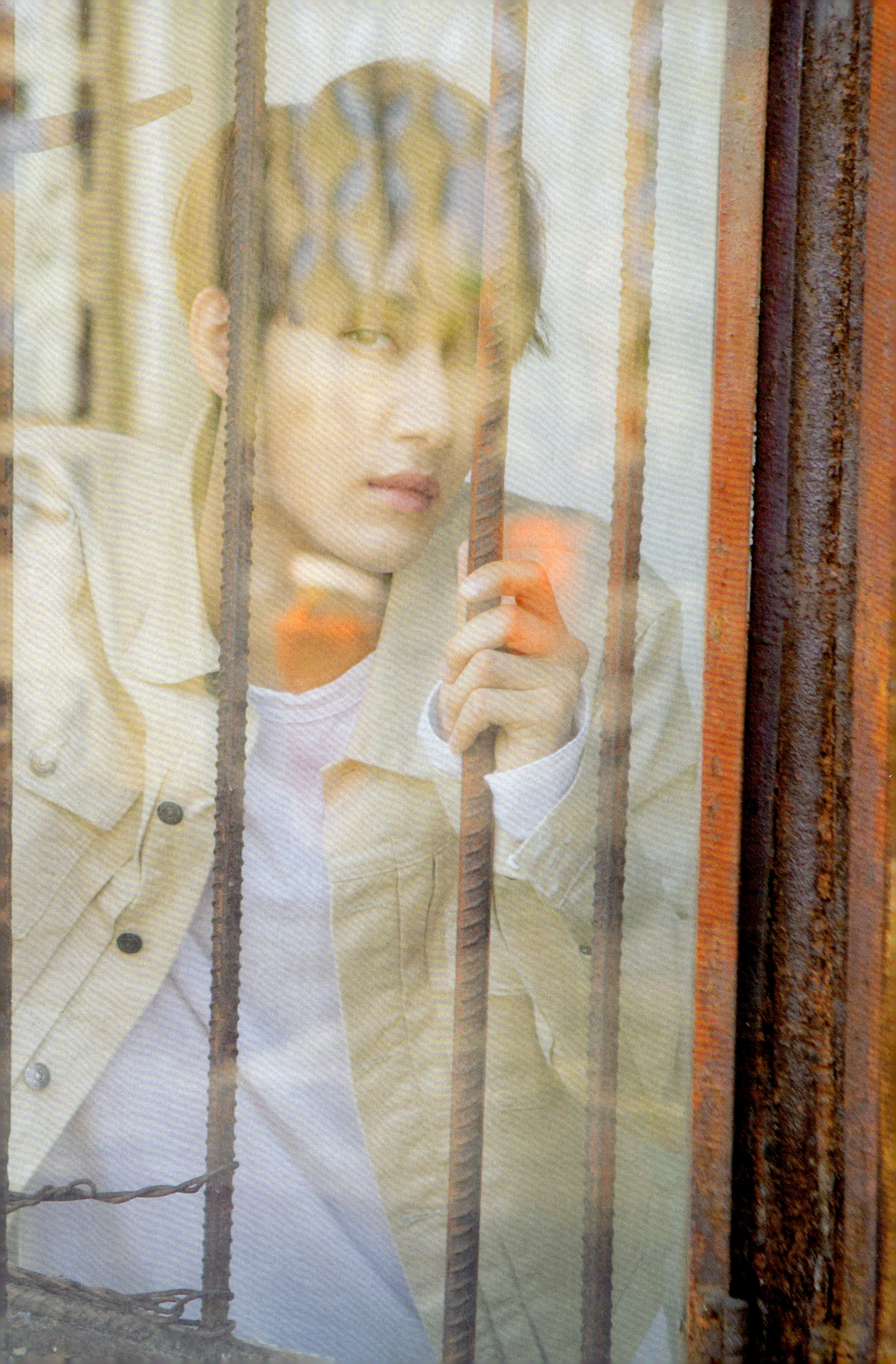

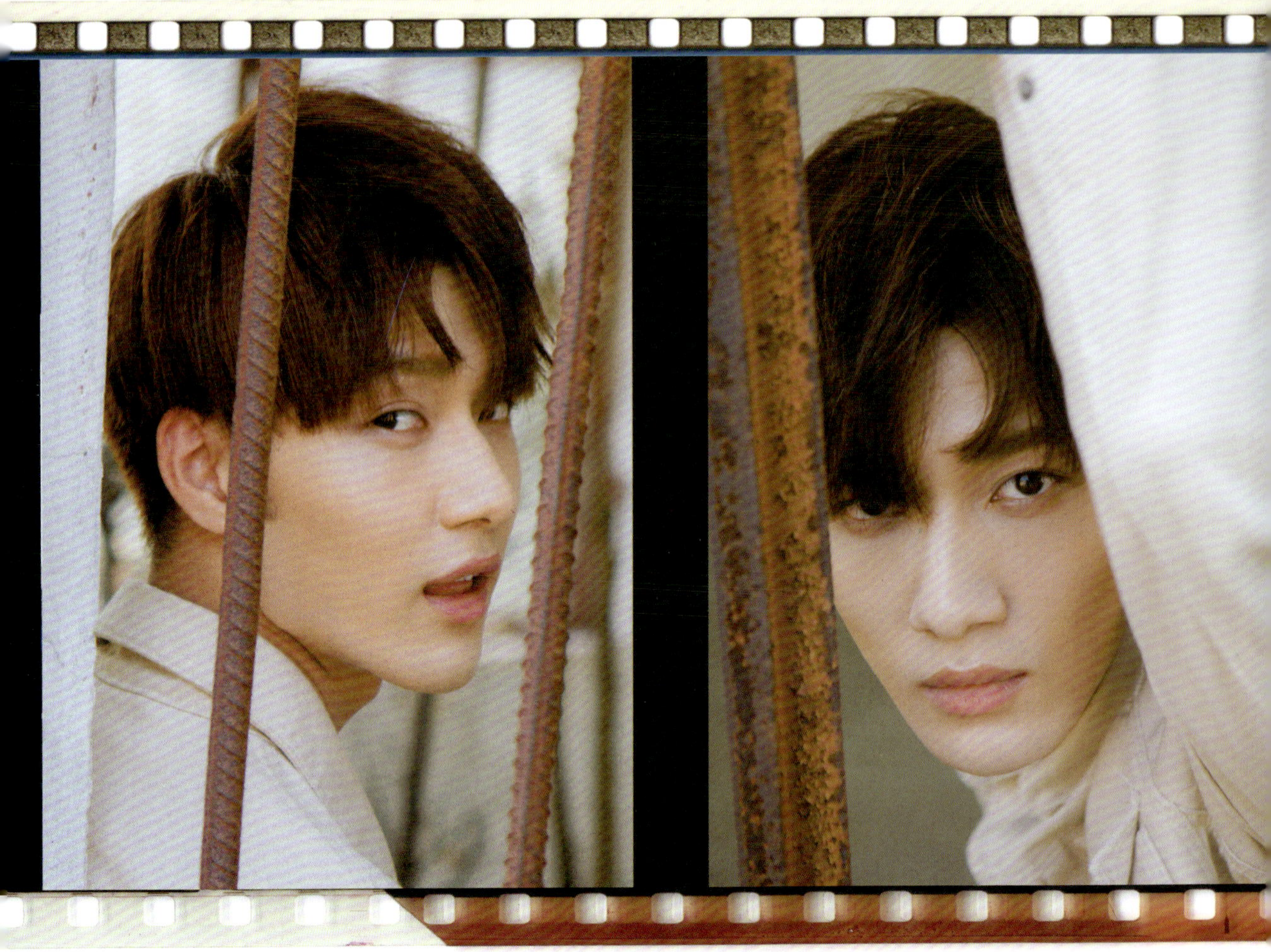

在剧组的生活毫无疑问是辛苦的，当然比演员更辛苦的是那些默默在幕后付出的工作人员。他们起早贪黑不分昼夜，开机之前，立马各就各位，精神饱满地开始工作。清晨，中午，晚上，时光交替，我们朝夕相处，纵然时光易逝，纵然感情会变淡，但那段光阴，如流星划过星空，是我心中最美的回忆。

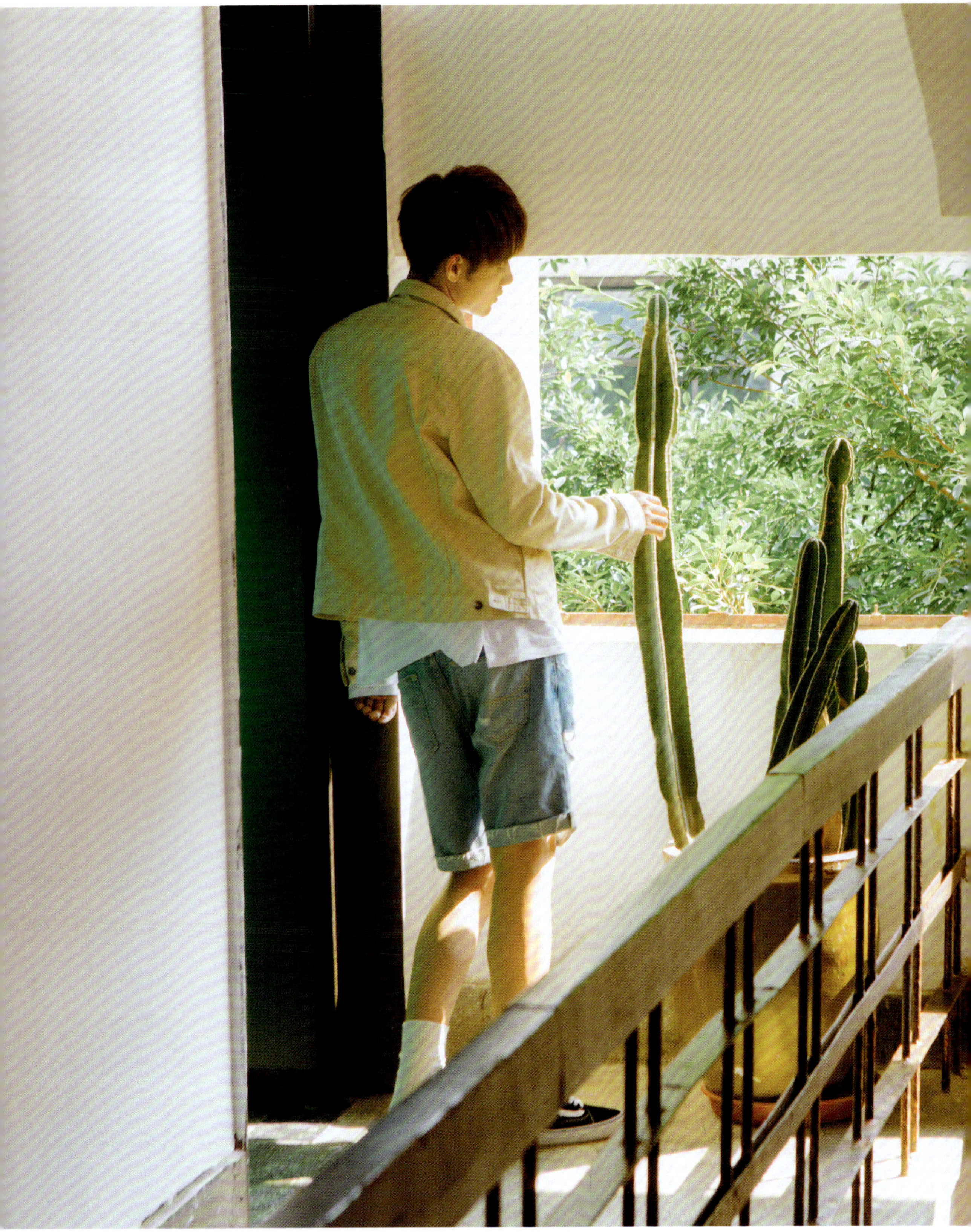

有一条路，
叫通往梦想的路；
有一群人，
叫怀揣梦想的人；
有一种生活，
叫披星戴月。

MEMORIES

/ 青 / 春 / 就 / 像 / 一 / 场 / 旅 / 行 /

## 「回 / 忆」
### 初 心 加 持

我需要一份童年时打怪兽的勇气，

人生如旅，简单点，

打得赢怪物，就收的到礼物。

*Chilhood*

记忆中儿时的故乡是一幅水彩的剪影，家乡的城市被南北走向的湘江横切成河西与河东，那时候的河西还是一种没有太被城市化进程打扰的模样，我的大部分童年在那里度过。印象中童年的休闲时光就是和家人们在一起，大家有一个共同的爱好就是让我表演各种奇怪的节目，我乐此不疲。

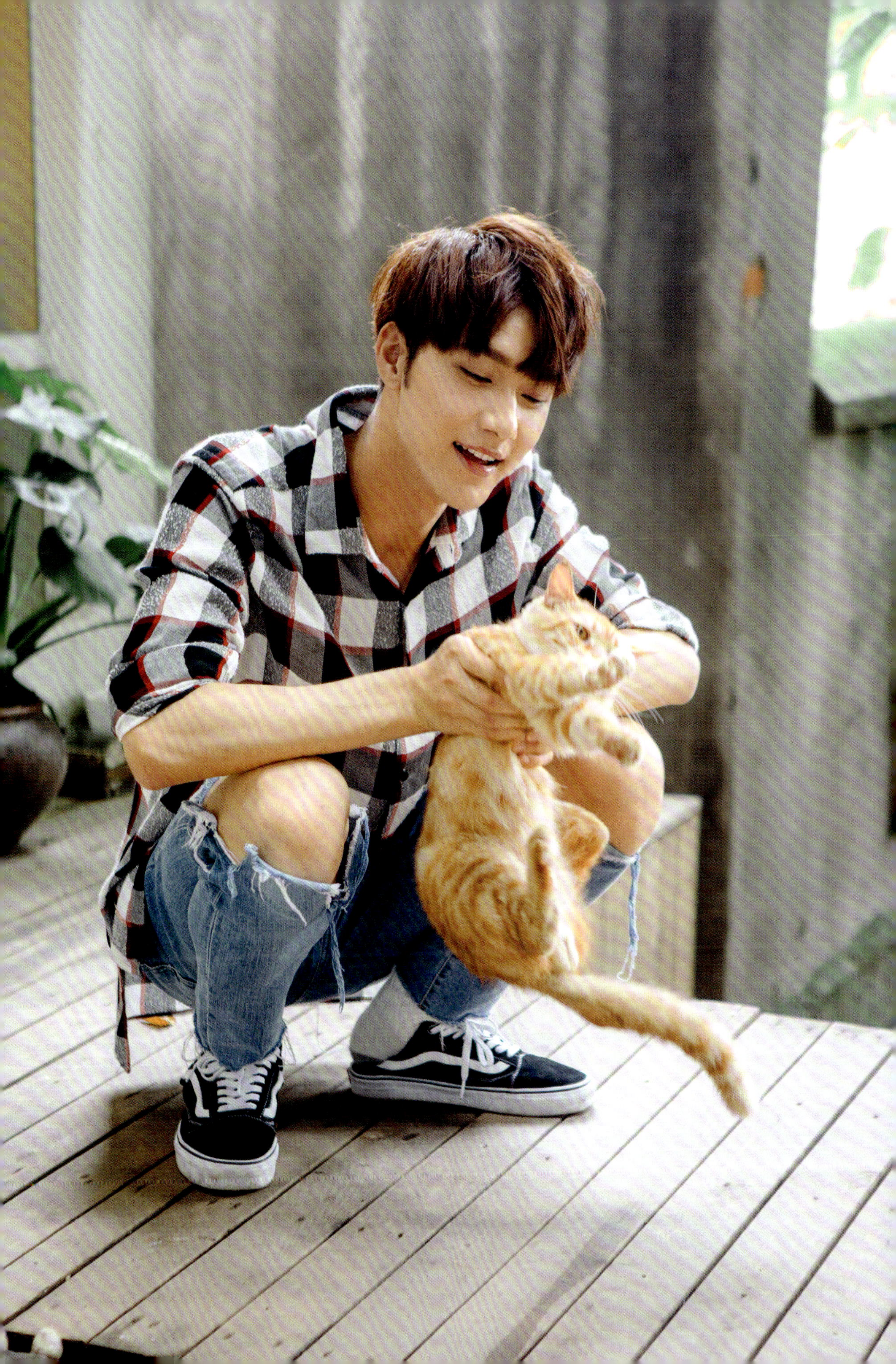

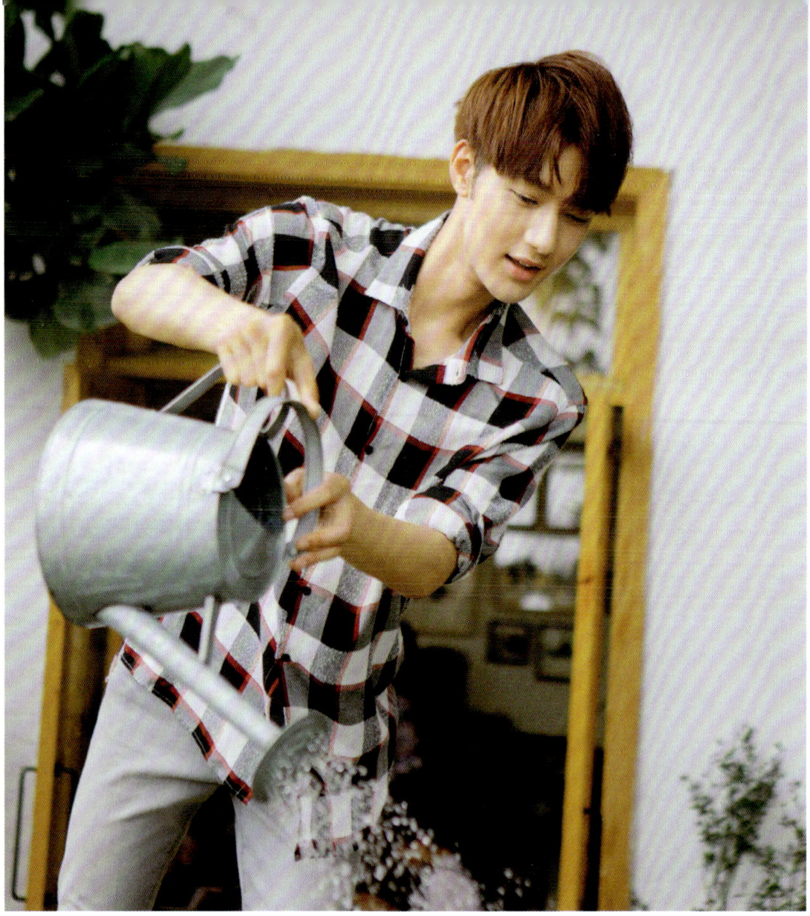

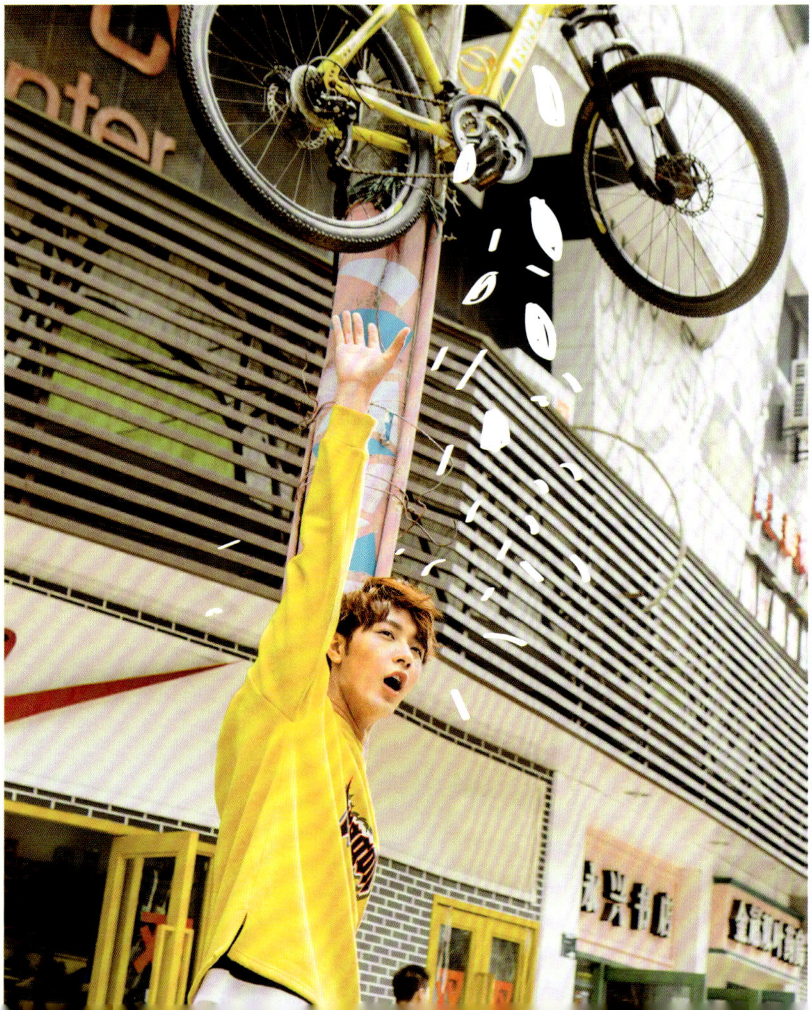

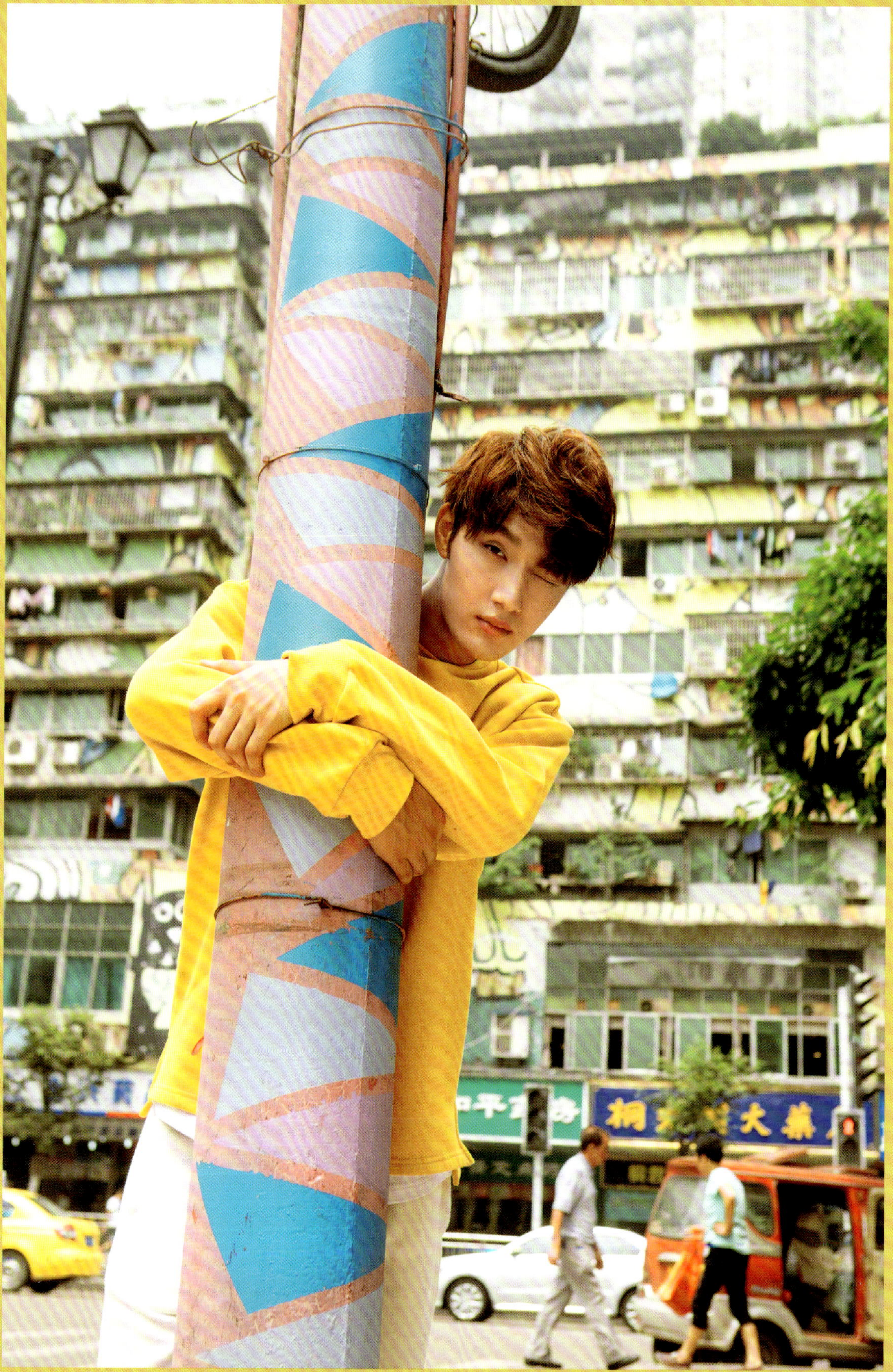

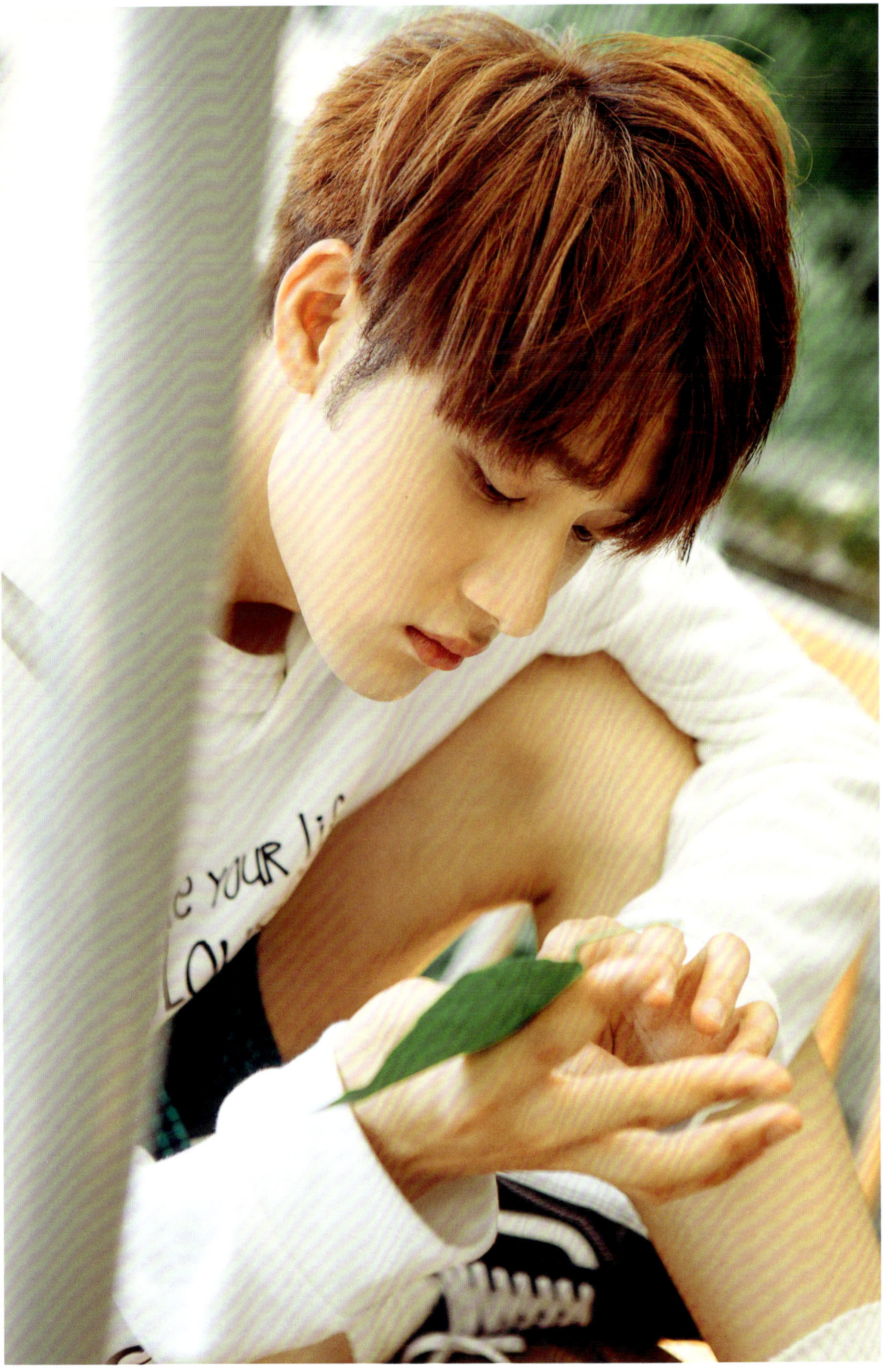
YOUR

我们家是一个大家族，每个家庭来往都很密切，关系也自然不错。所以一聚会就像是一次热闹的赶集，各家小孩争先表演奇技绝活，大人们开怀大笑。而我从小机灵可爱不爱哭闹，所以全家的焦点汇集于我，据大人们说，我和别的孩子不一样，我很逗，并且和人很亲，特别招人喜欢。所以每次出来聚会我都玩儿得不亦乐乎，乐不思蜀。现在回想起来，我对于做演员这件事情的热忱大概是来自当年吧。

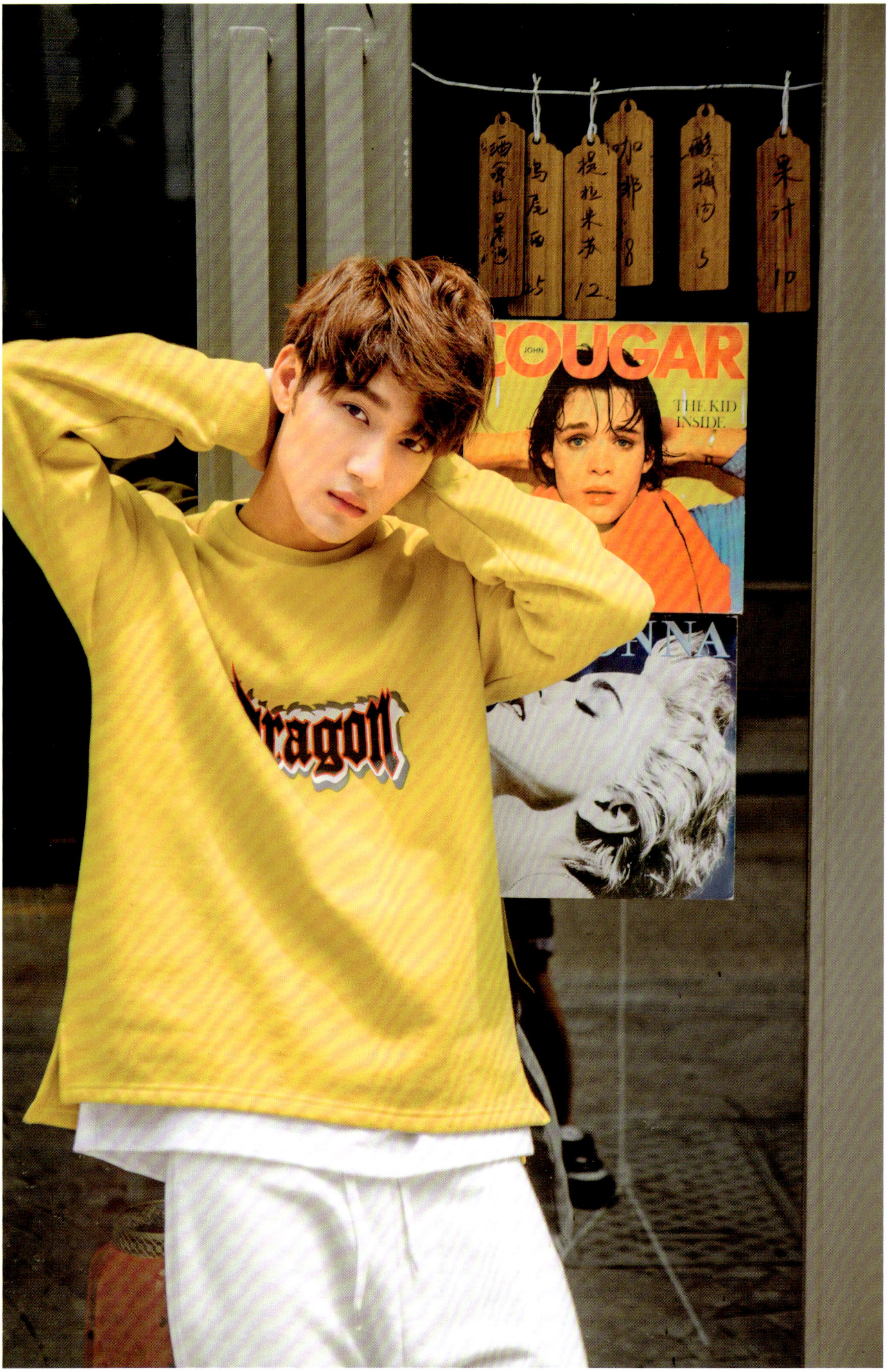

童年子由

家庭KTV也是当年重要的节目之一，在我刚牙牙学语的时候，大人们常常在家里放声高歌，各式唱腔各种唱法齐聚一堂，从民族唱法到美声唱法再到流行唱法应有尽有。我会冷不丁地抢走话筒哼着别人完全听不懂的自创歌曲。

童年子由

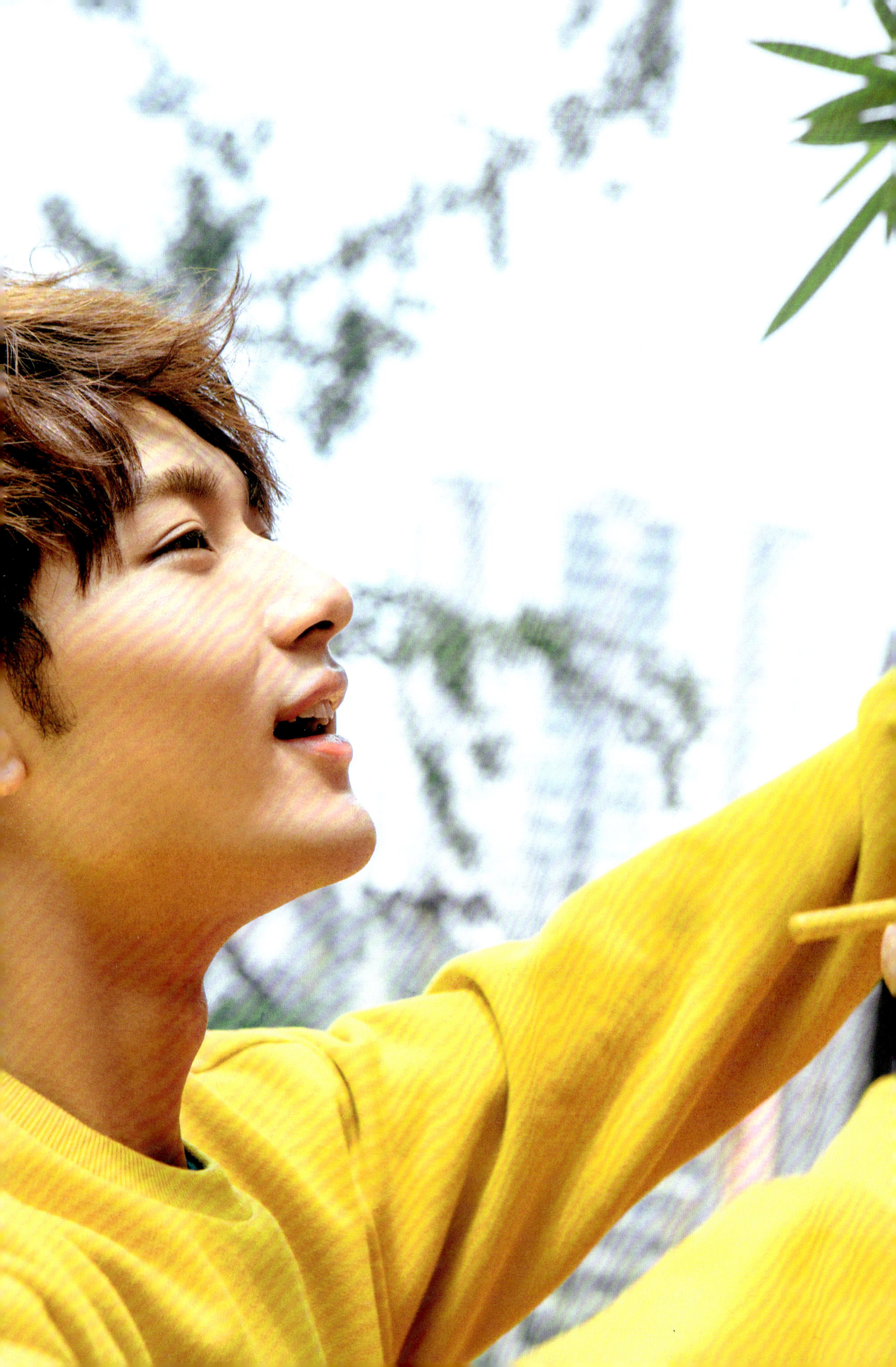

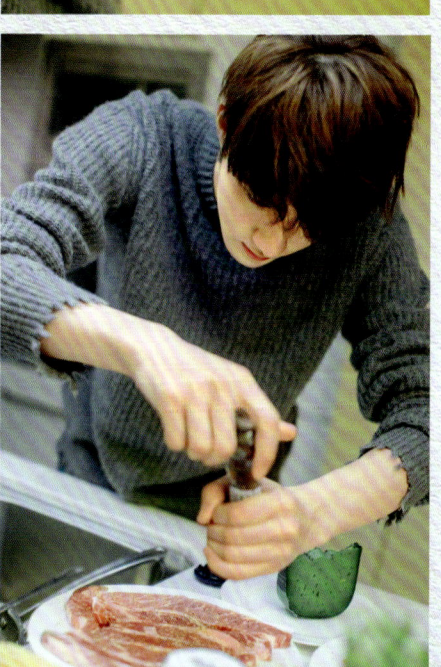

am.
8:30
Sleep ㅋㅋㅋ
↓
12:00
cooking ♡

↗
1:00
Lunch 😊
↓
2:00
Reading 📖

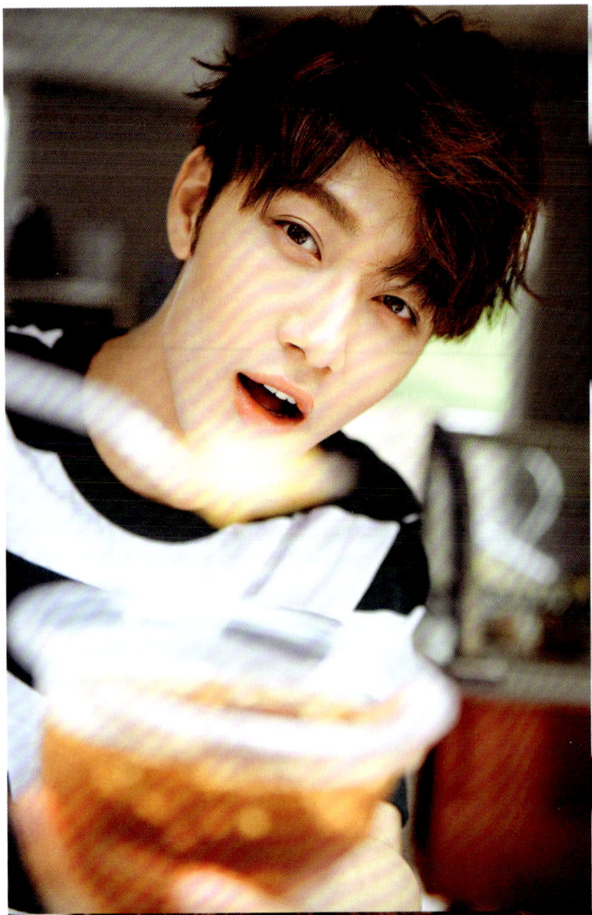
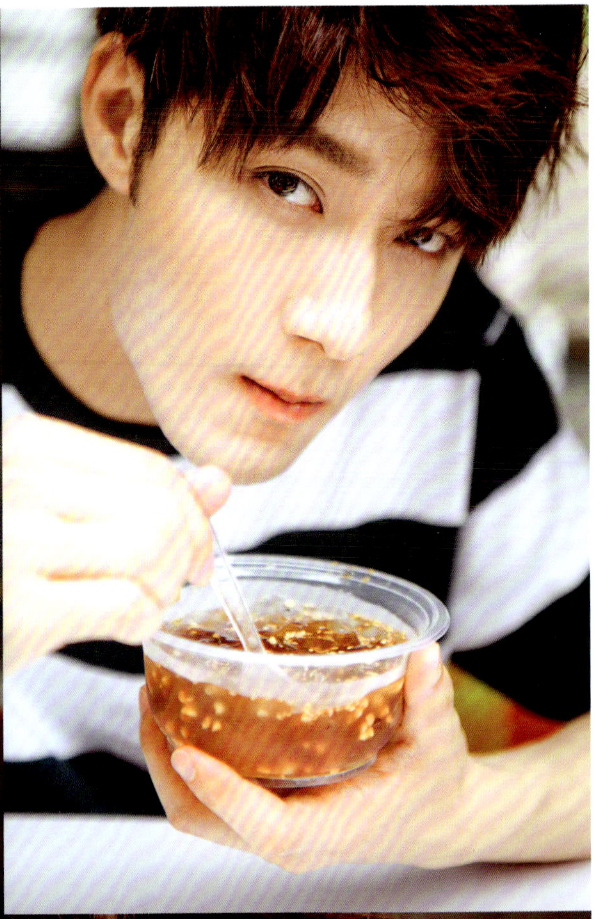
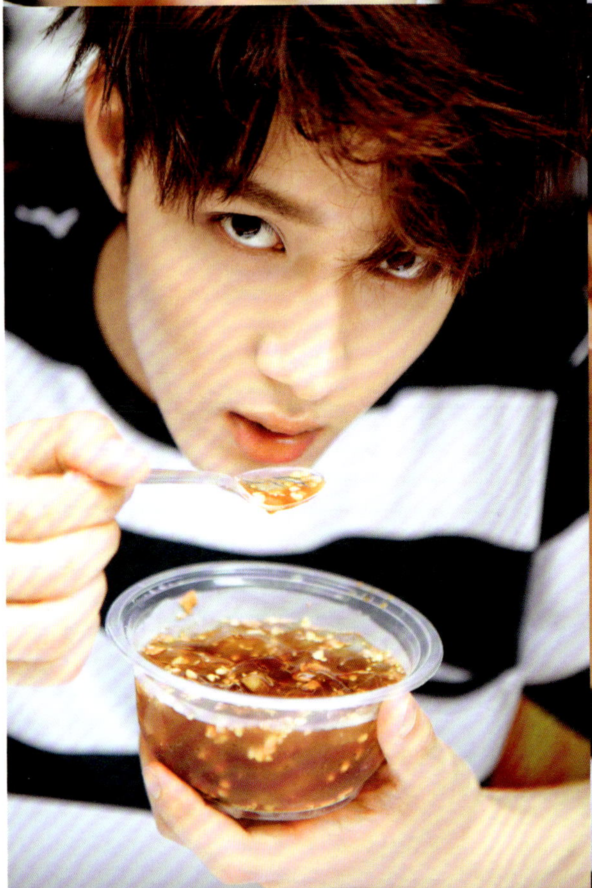
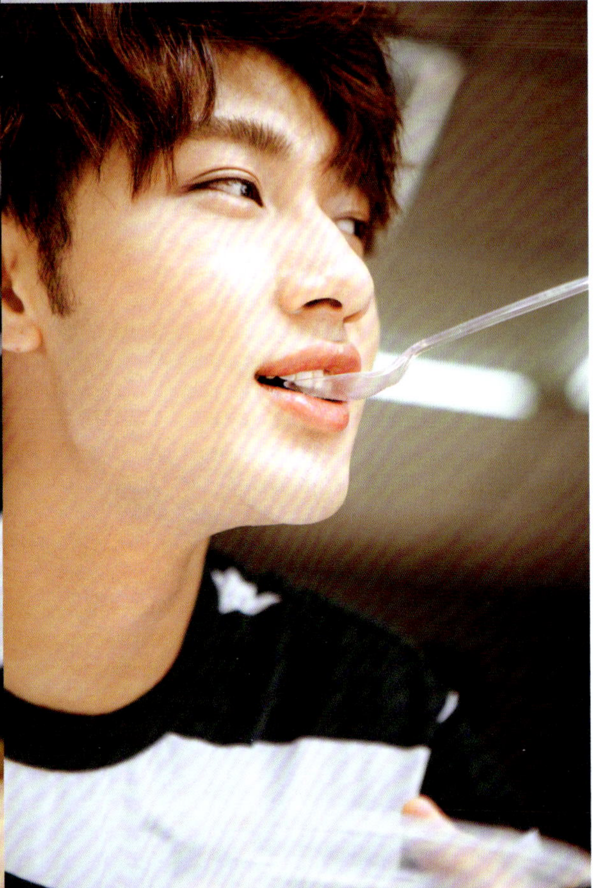

另一个家庭聚会必备节目，是让刚学会说话的我说出每个家人的名字，因为大家都十分看好我的观察力和记忆力，这项技能表演我也从未失误过，哈哈，很感谢当年的幼教训练，至今我仍然受用，作为刚刚入行的演员，演技我需要更多的磨炼，但在背台词方面，我很有信心。

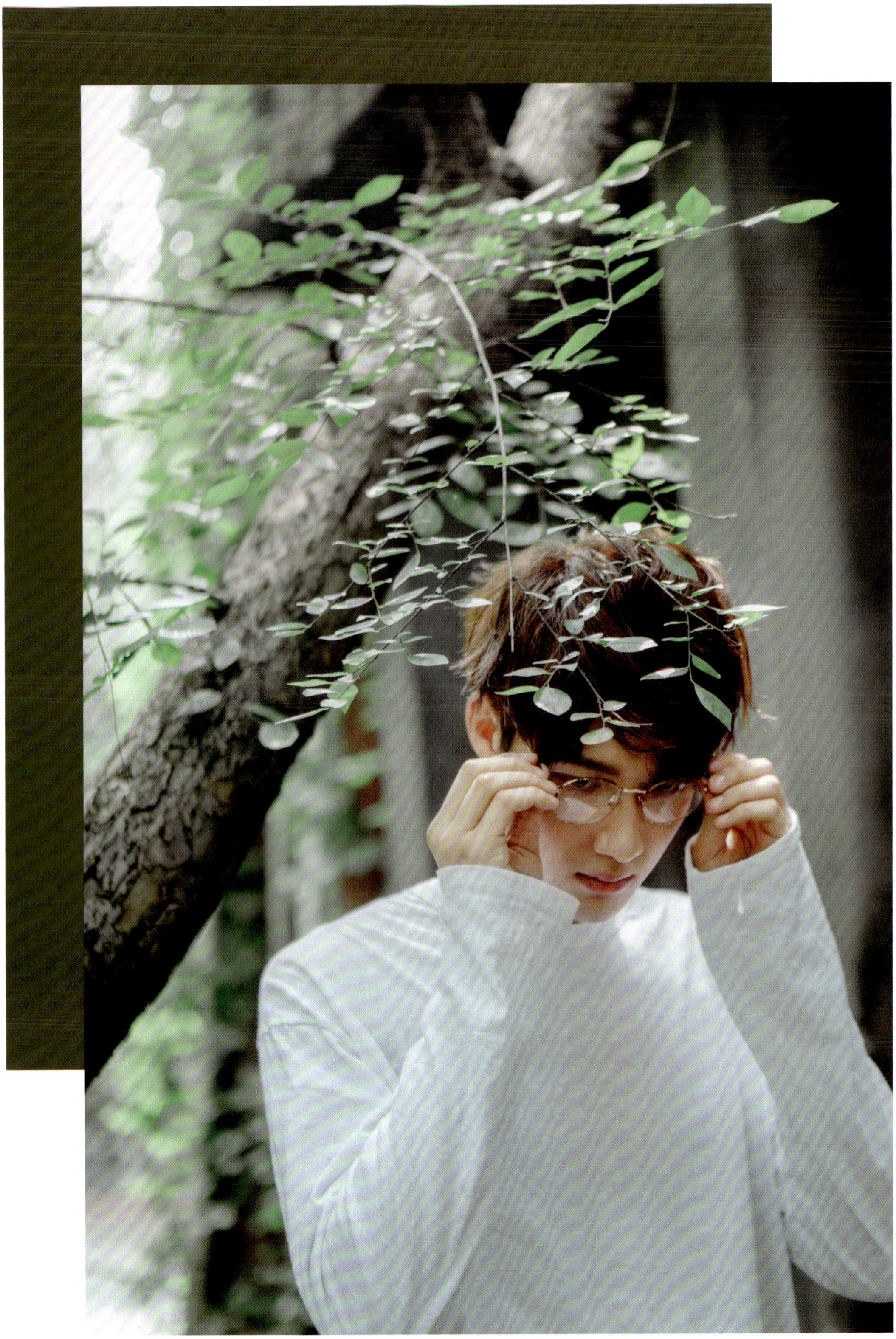

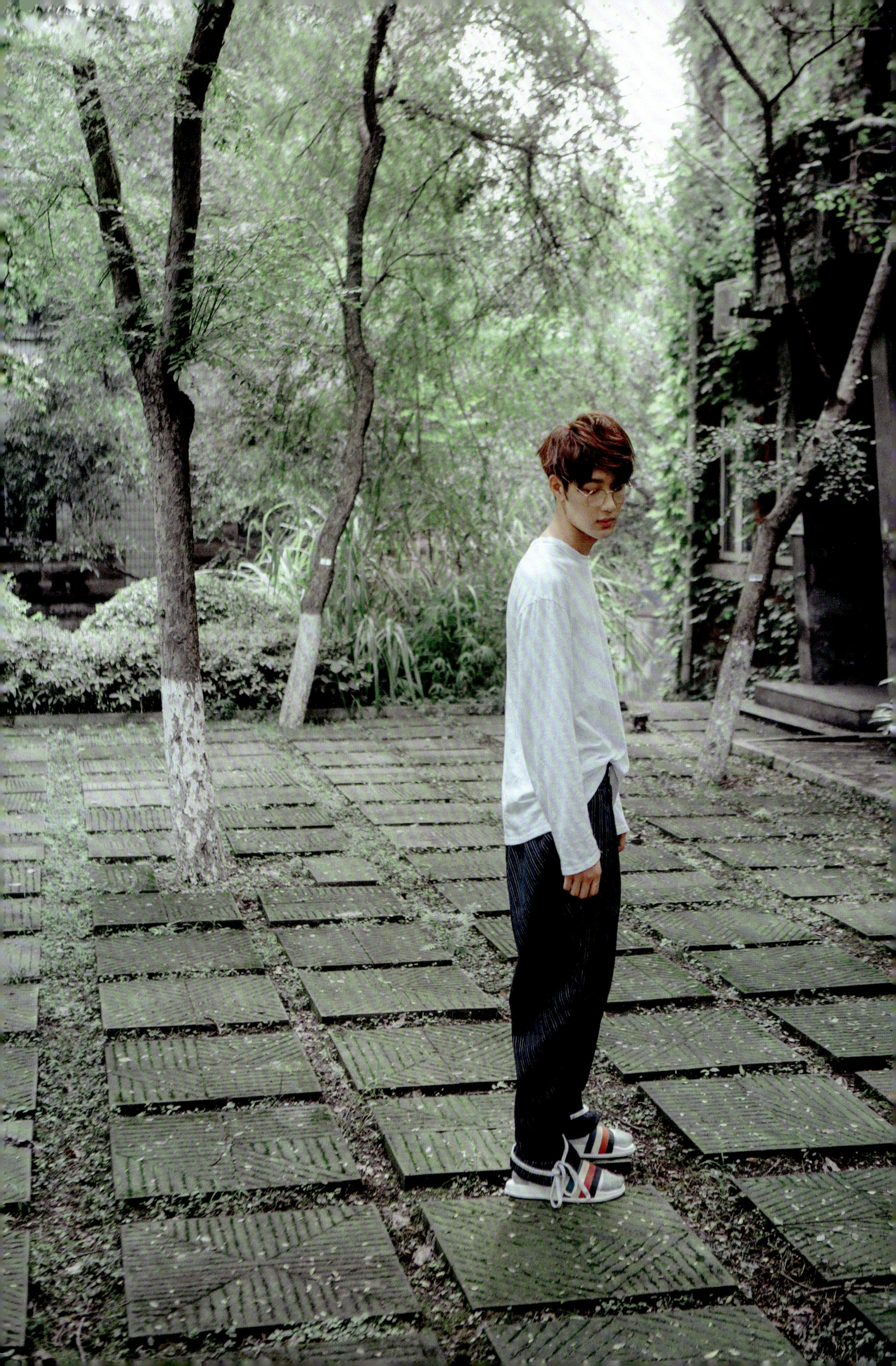

Look at me.

2017. 6. 18

home.
1999.5.

*Childhood Memories*

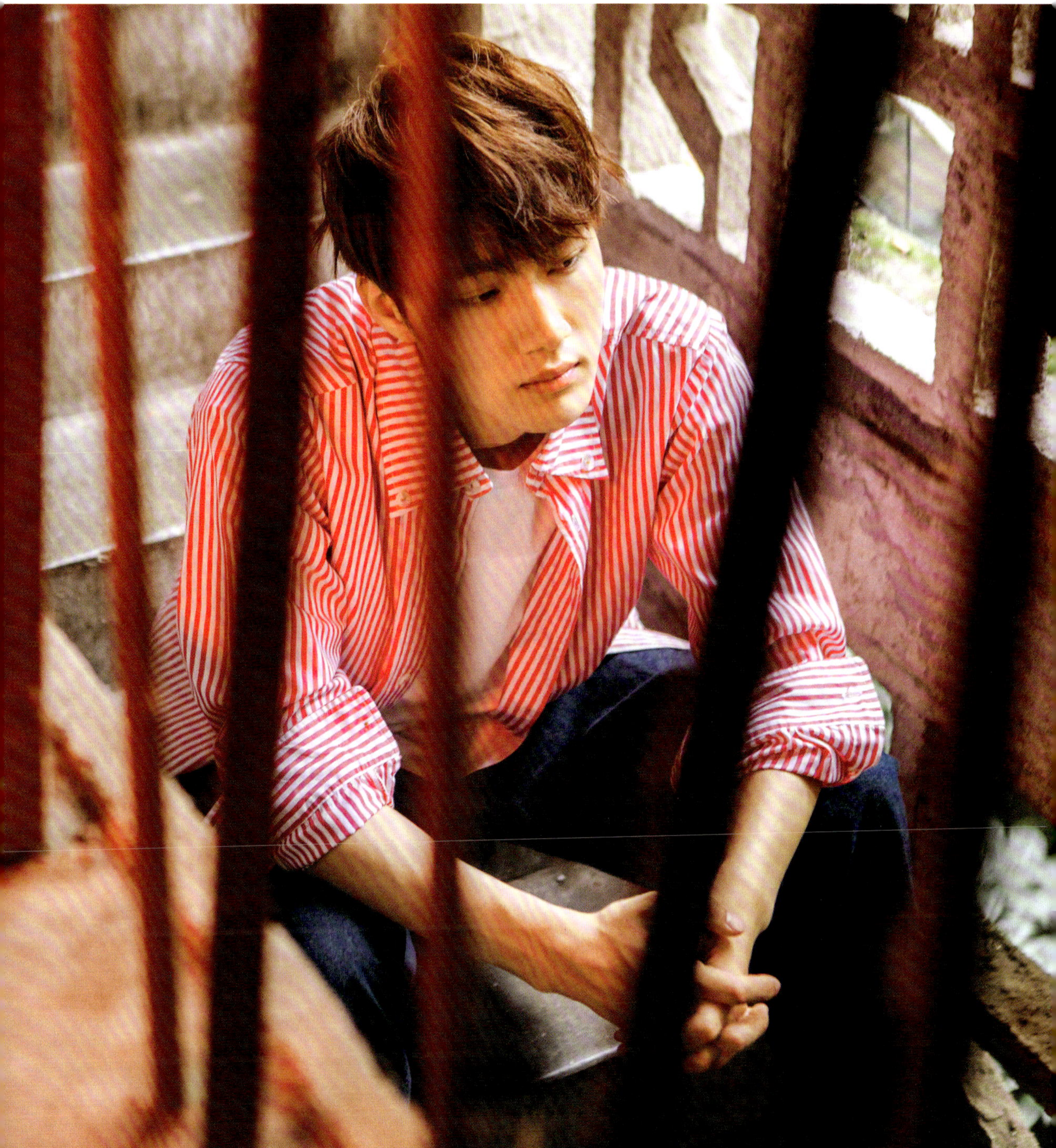

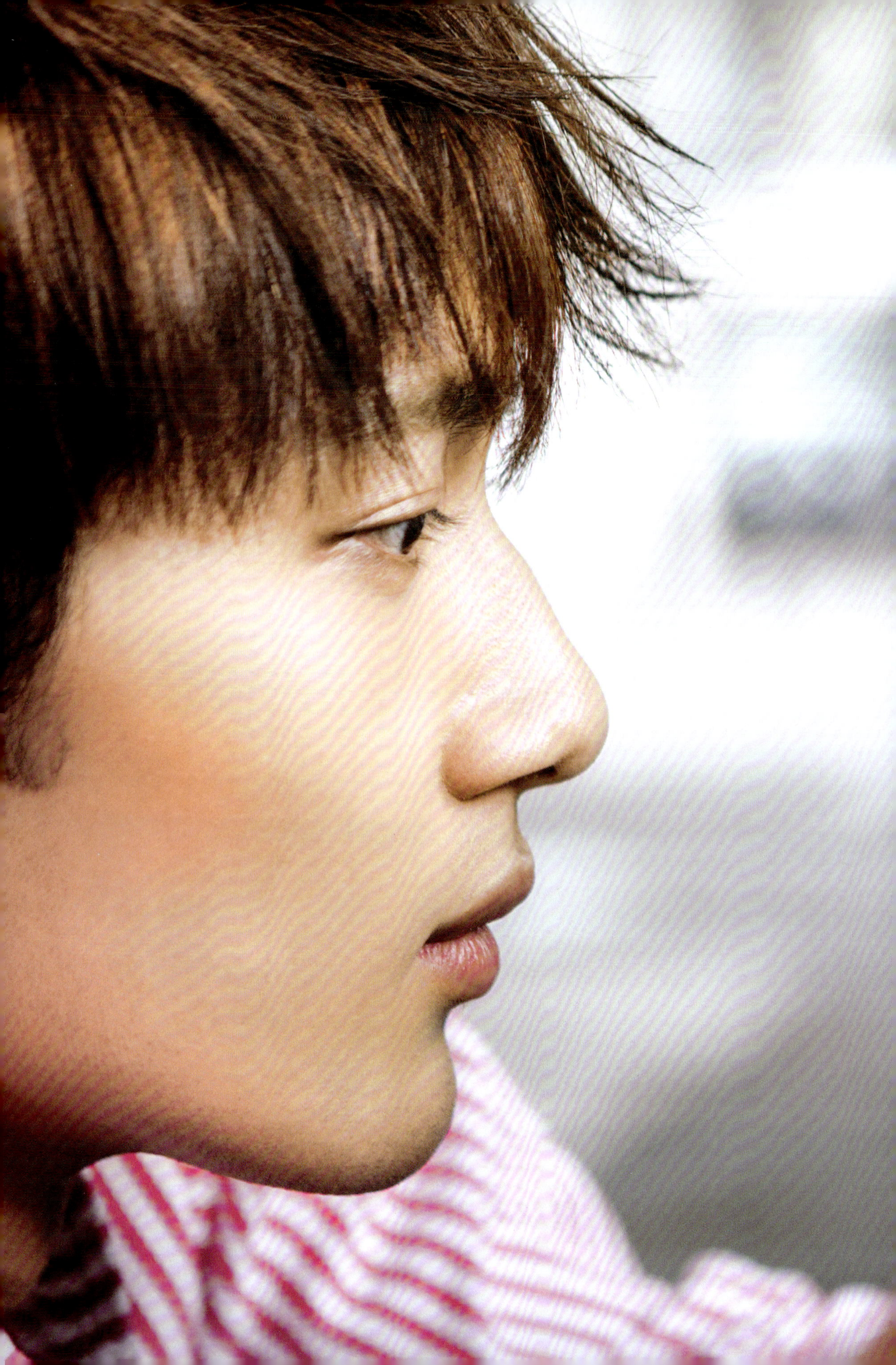

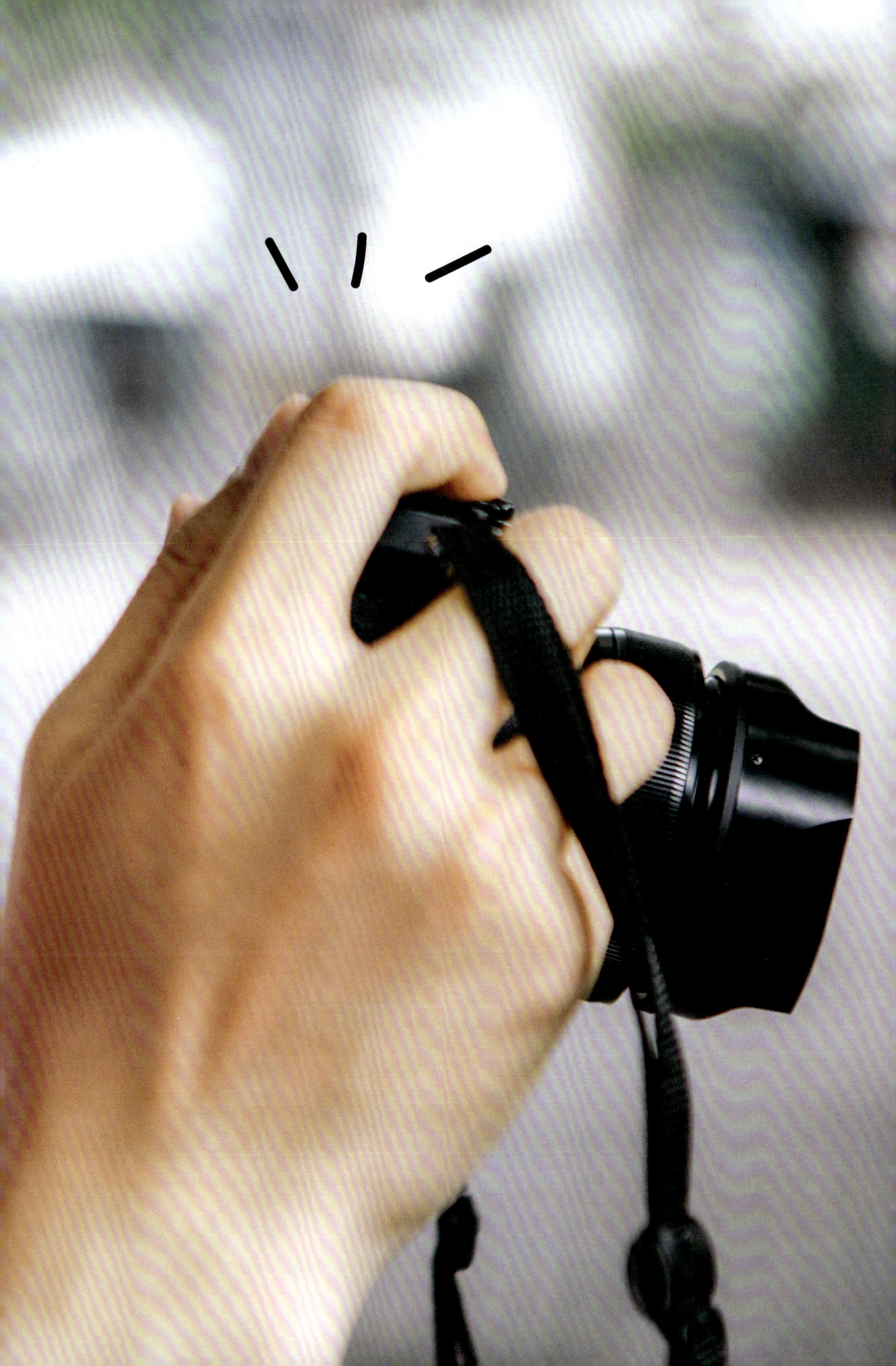

懂事之后，记得人生中的第一次旅行是和外公外婆一起，那时候我五岁，我们一起去到了外公的老家湘西苗寨，青山绿水、吊脚楼和载歌载舞的人们，打开了我幼小心灵的一扇窗。原来，在我熟悉的生活环境之外，还有另一片天地。如今，再次回到那个地方，当年的感受犹在，对世界的好奇和探索欲，让我置身于勇闯冒险岛的情景中，过一关就会看到一个新世界，无论未来的关卡如何设置，我都会全力以赴。

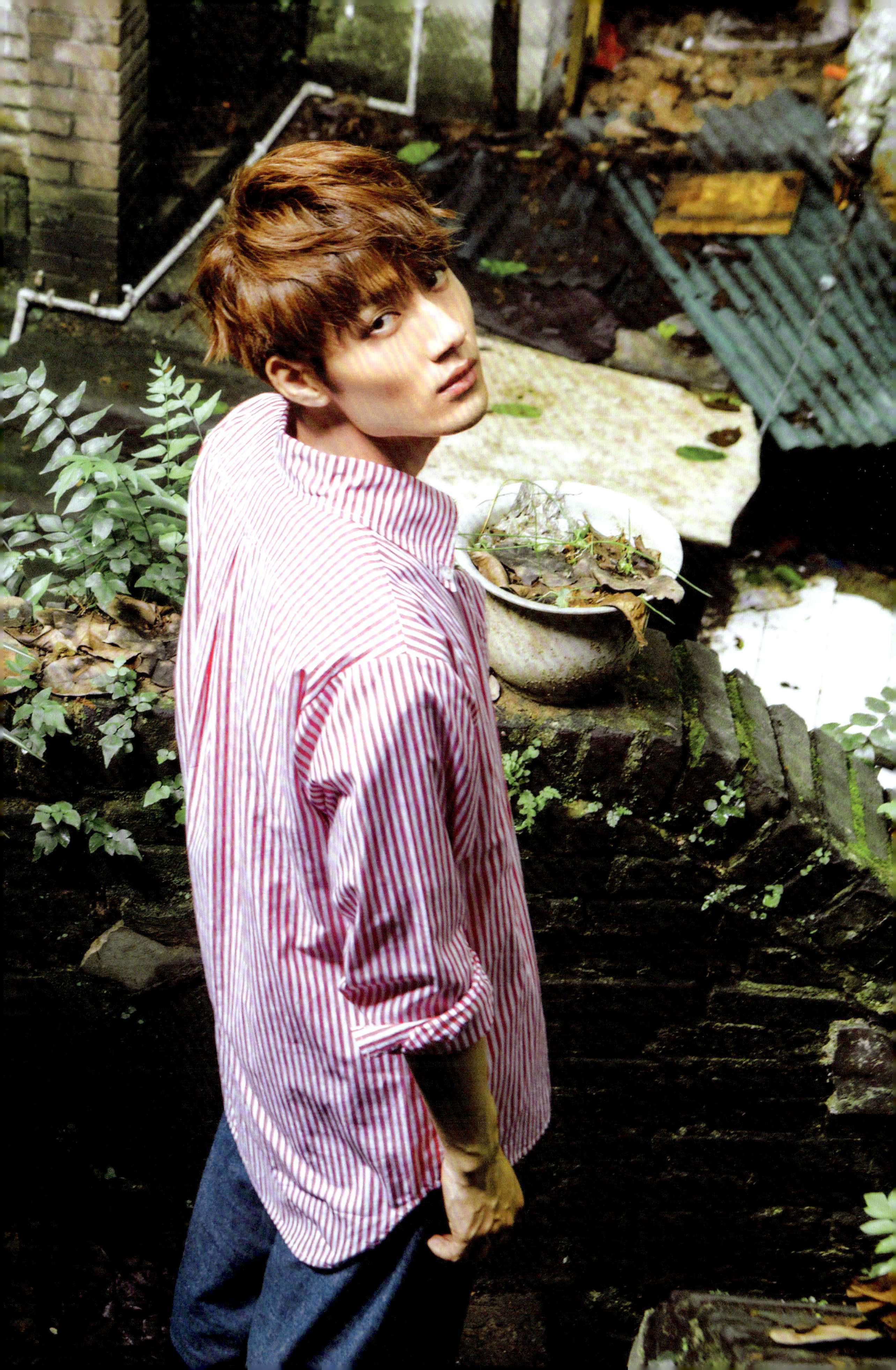

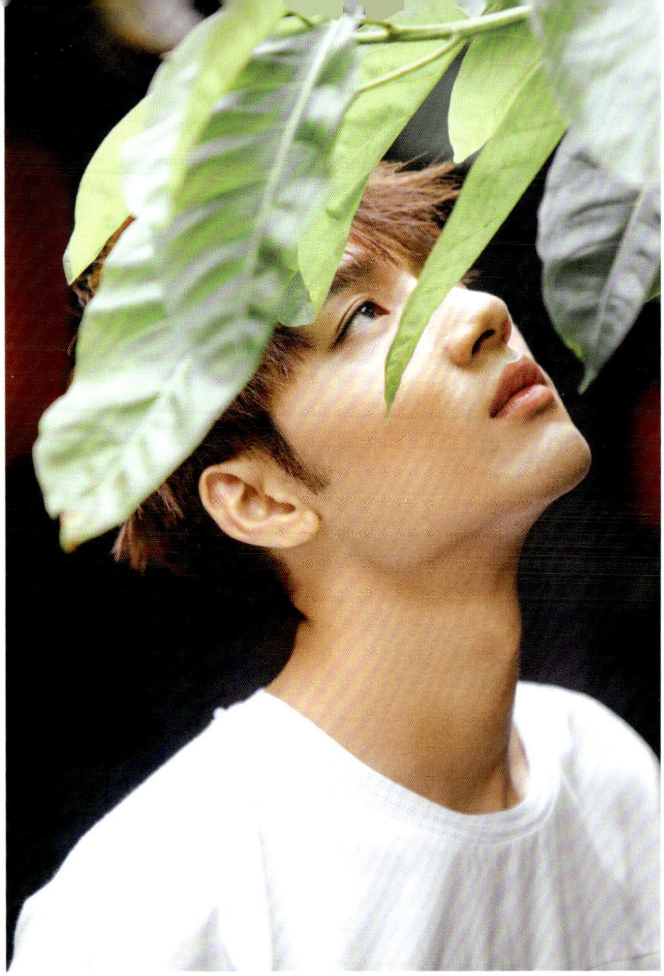
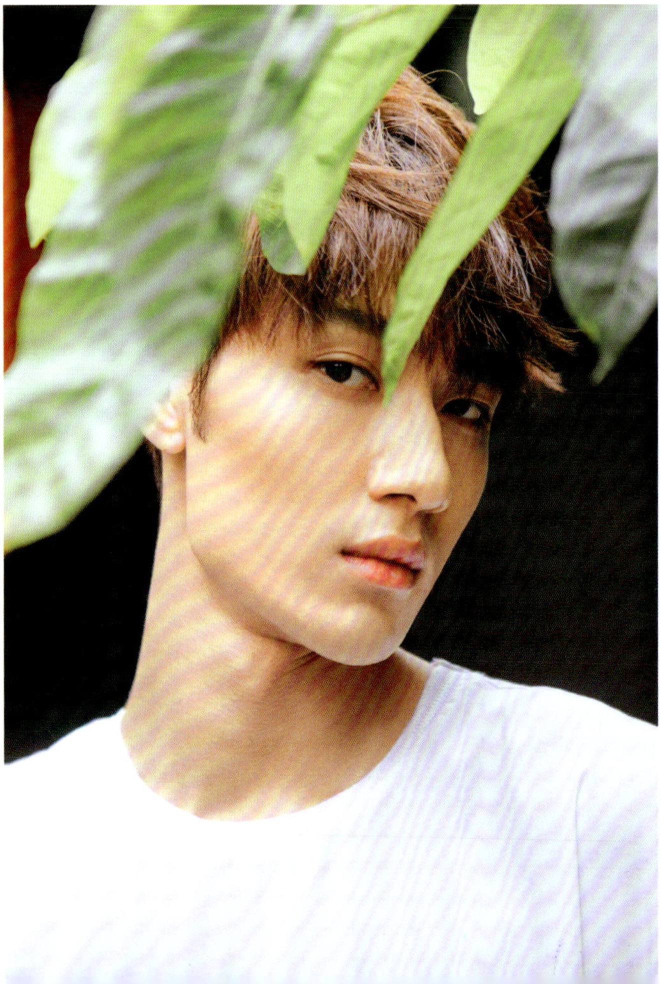

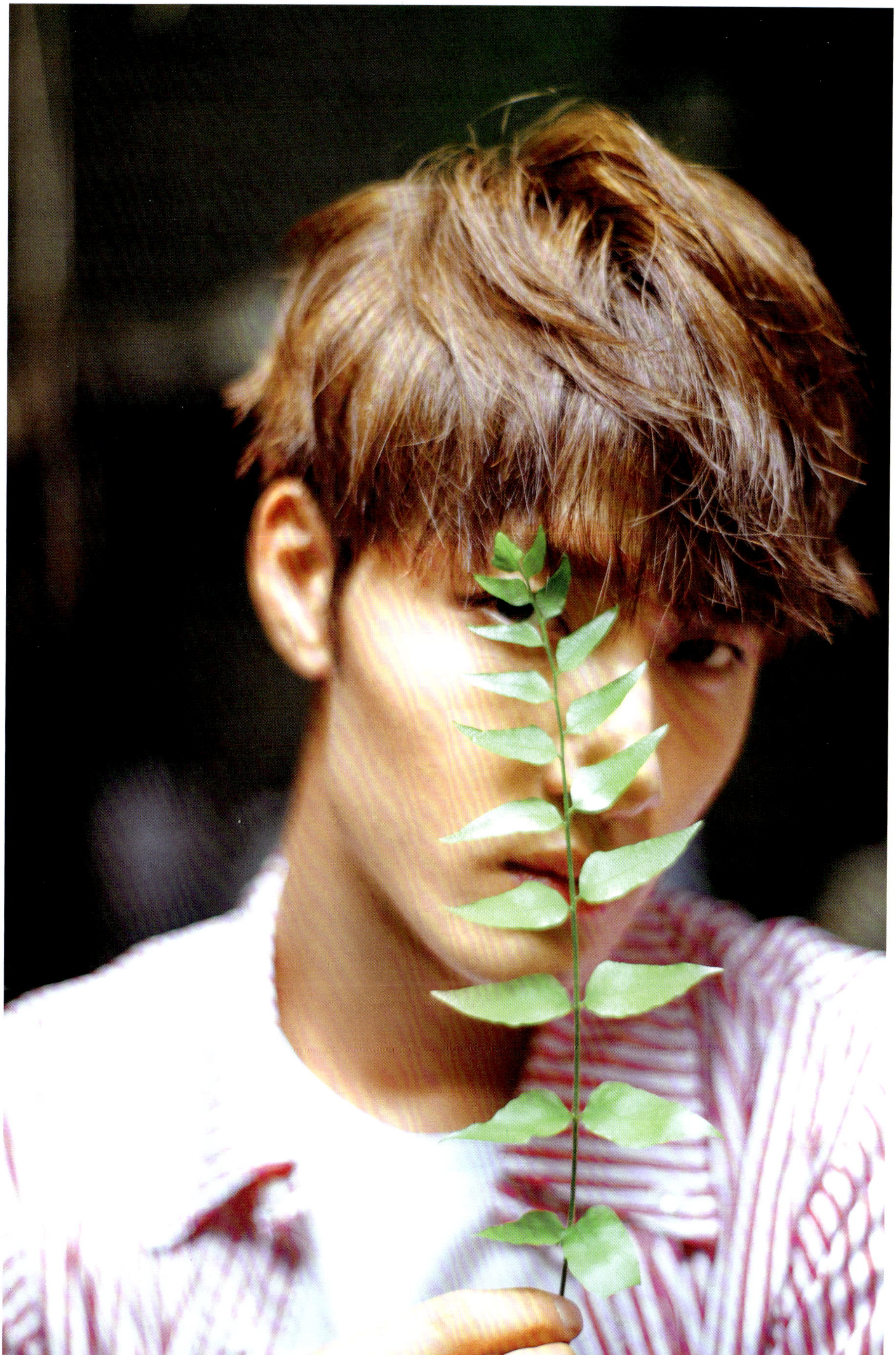

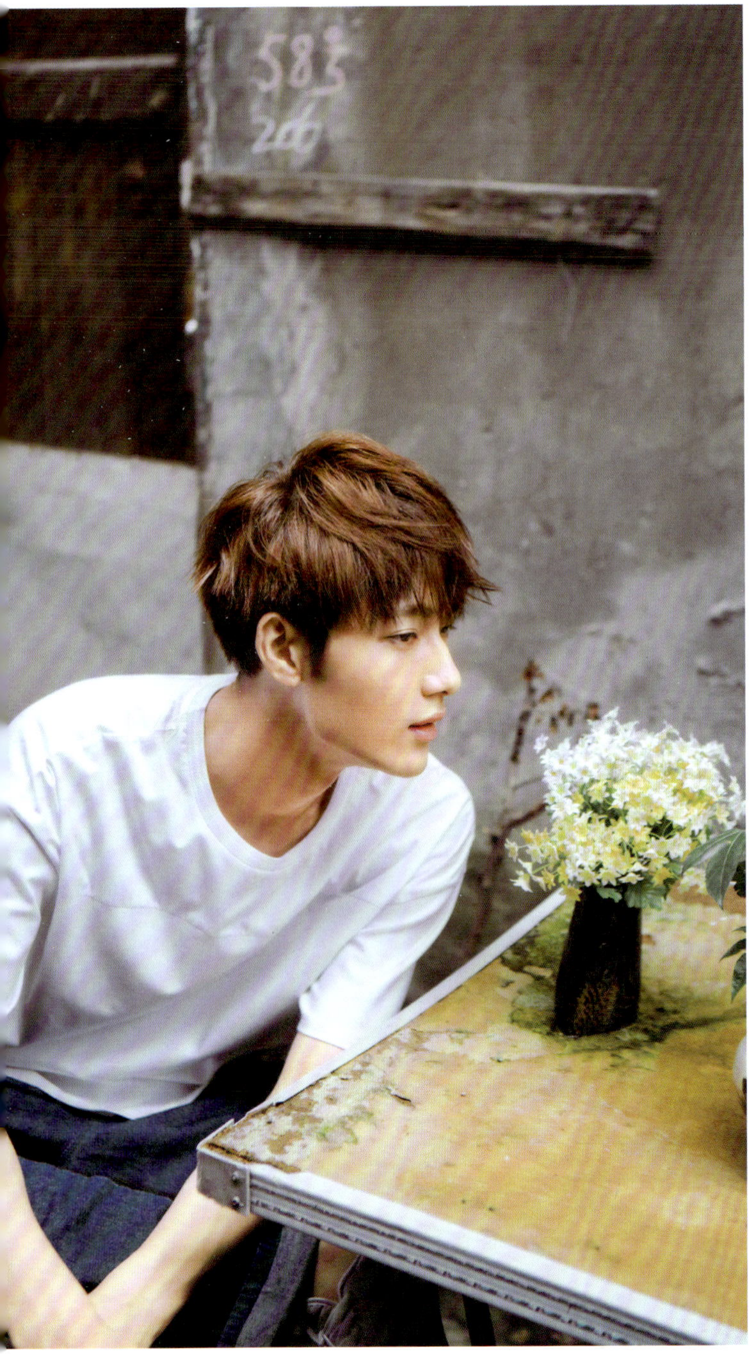

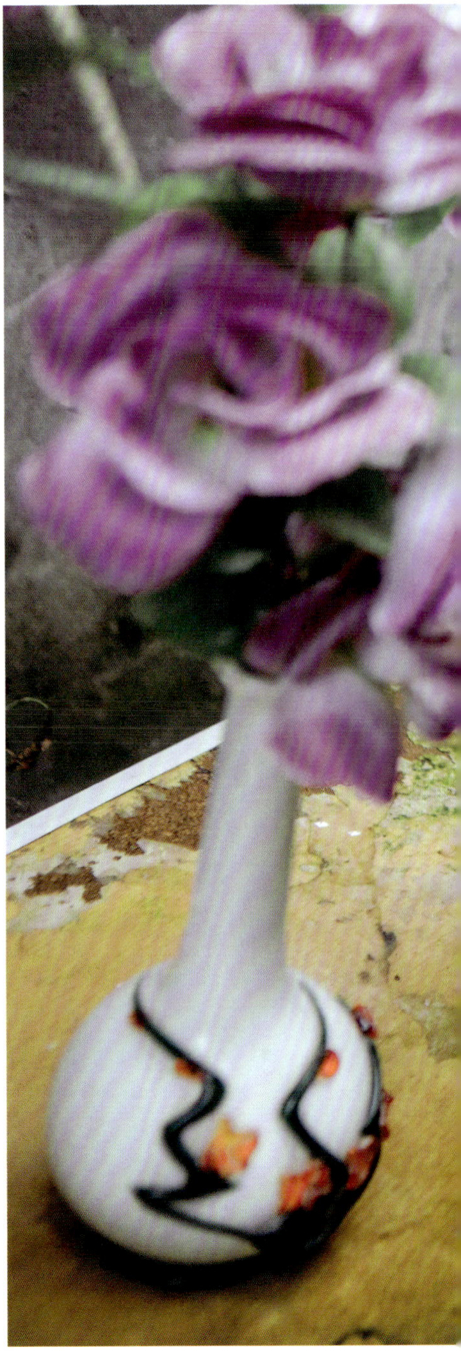

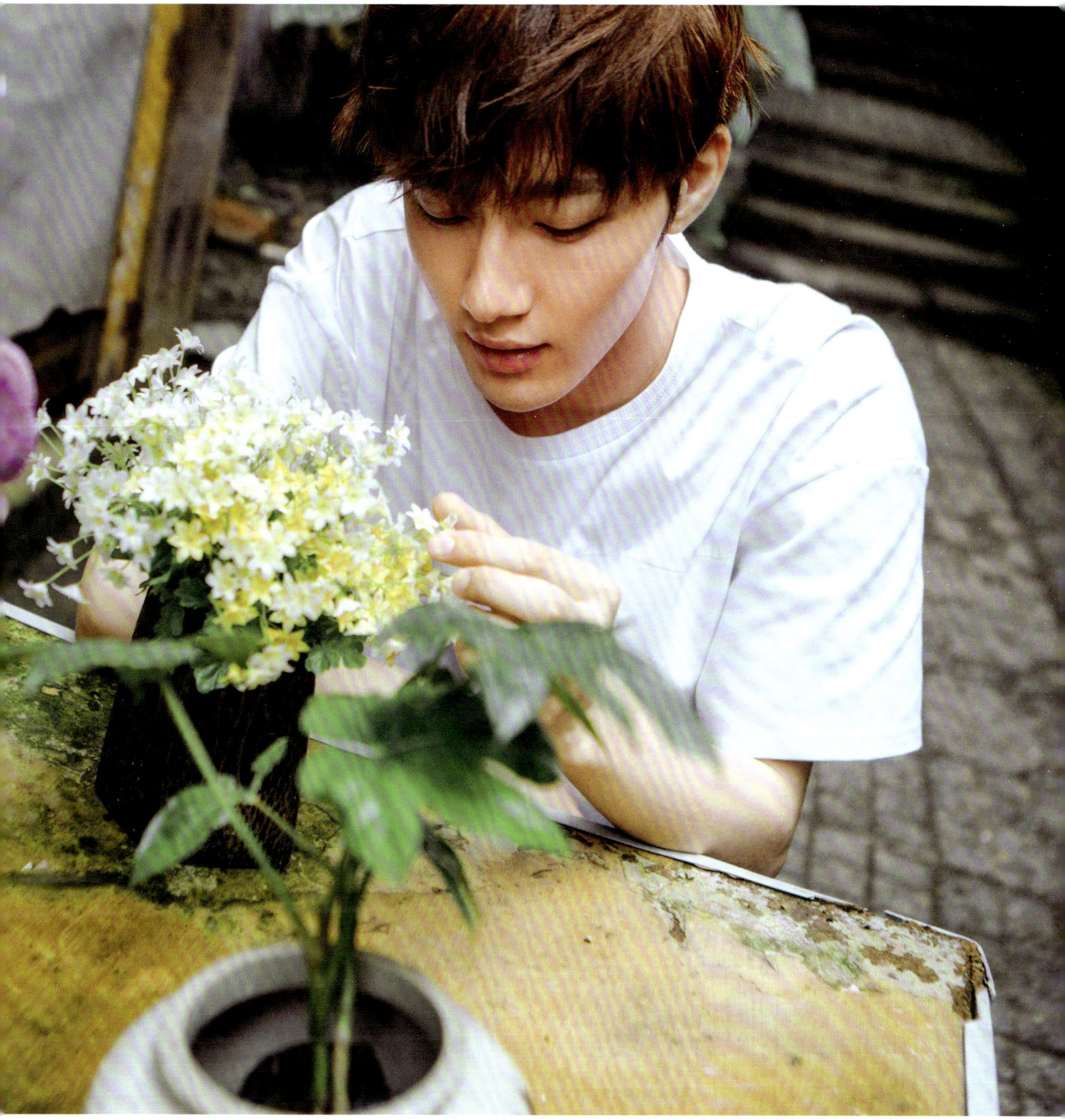

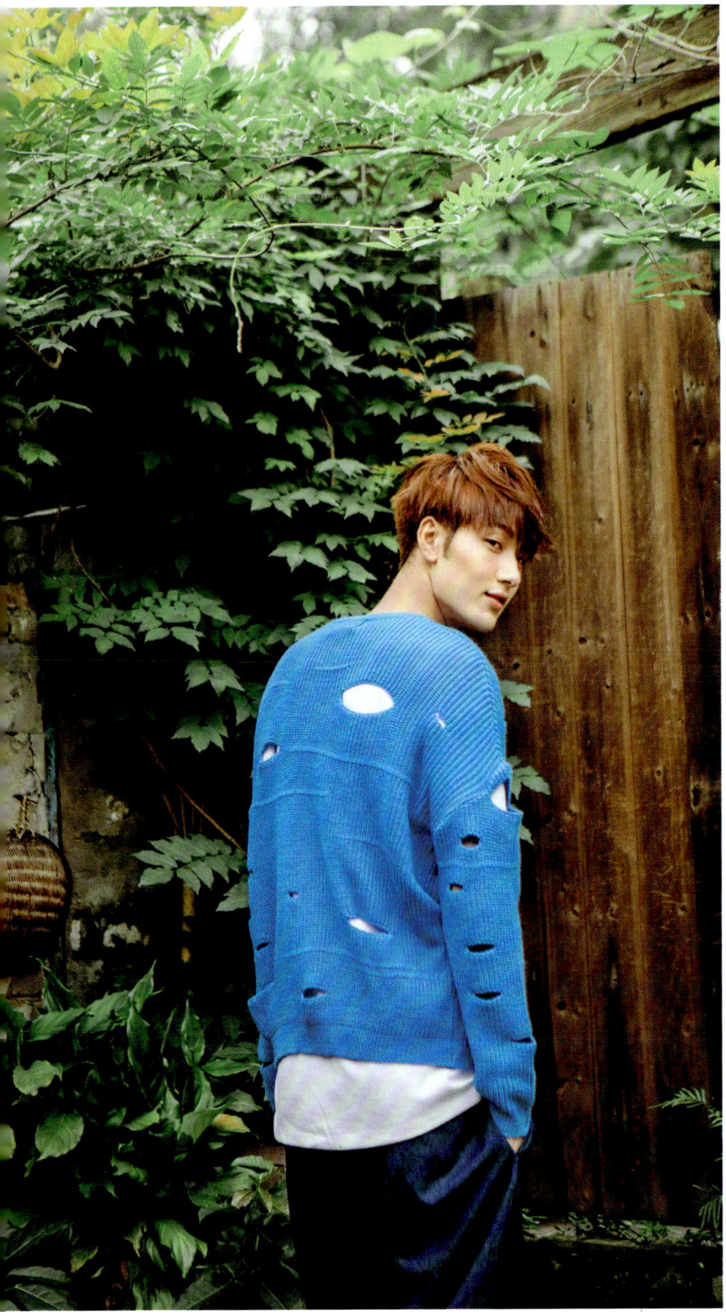
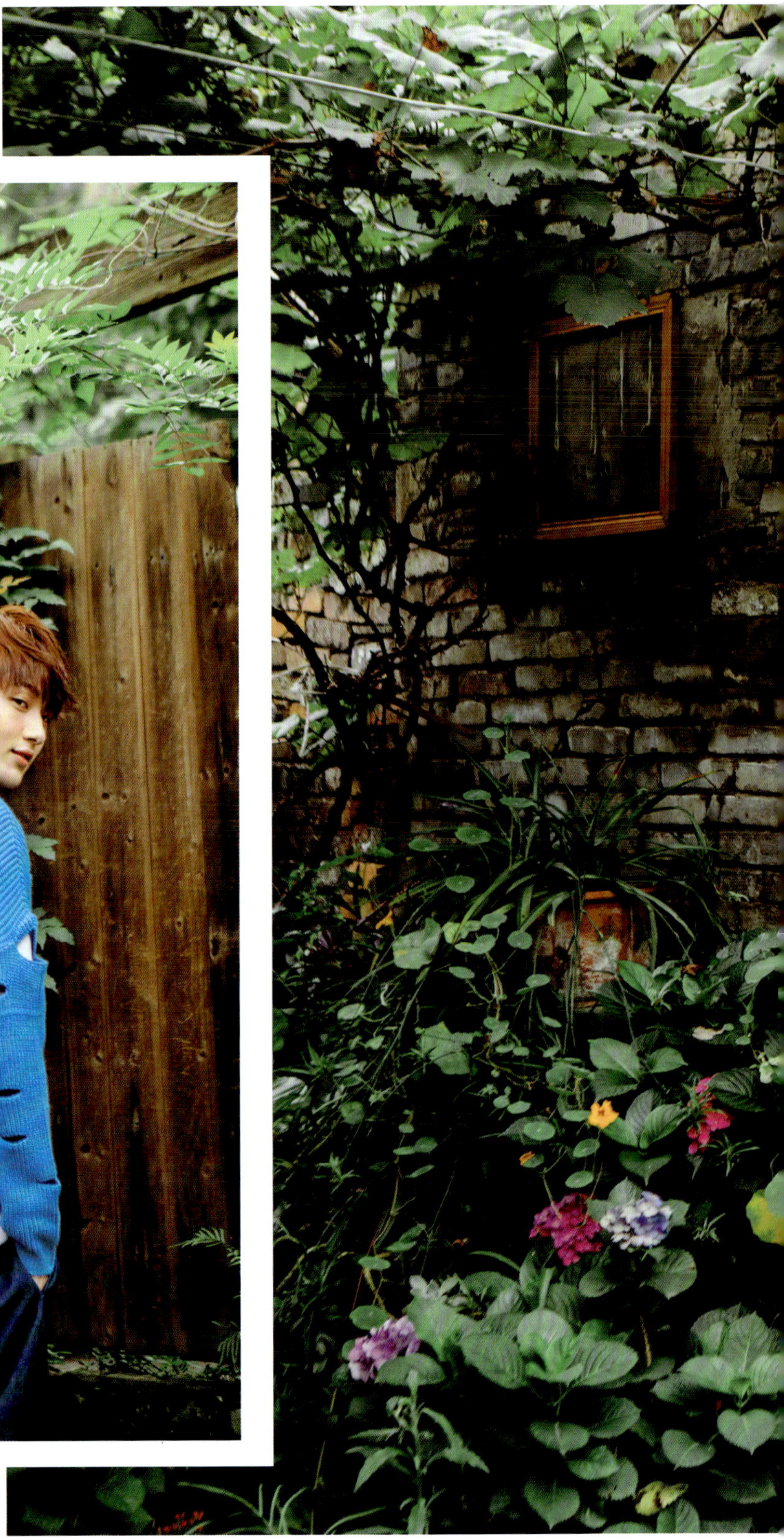

旅途中的点滴总让我陷入对过去的回忆，有时是甜的，偶尔有一些苦涩。思绪在时光中穿梭，仿佛在和儿时的自己做一个告别，我需要一份童年时打怪兽的勇气，人生如旅，简单点，打得赢怪物，就收的到礼物。

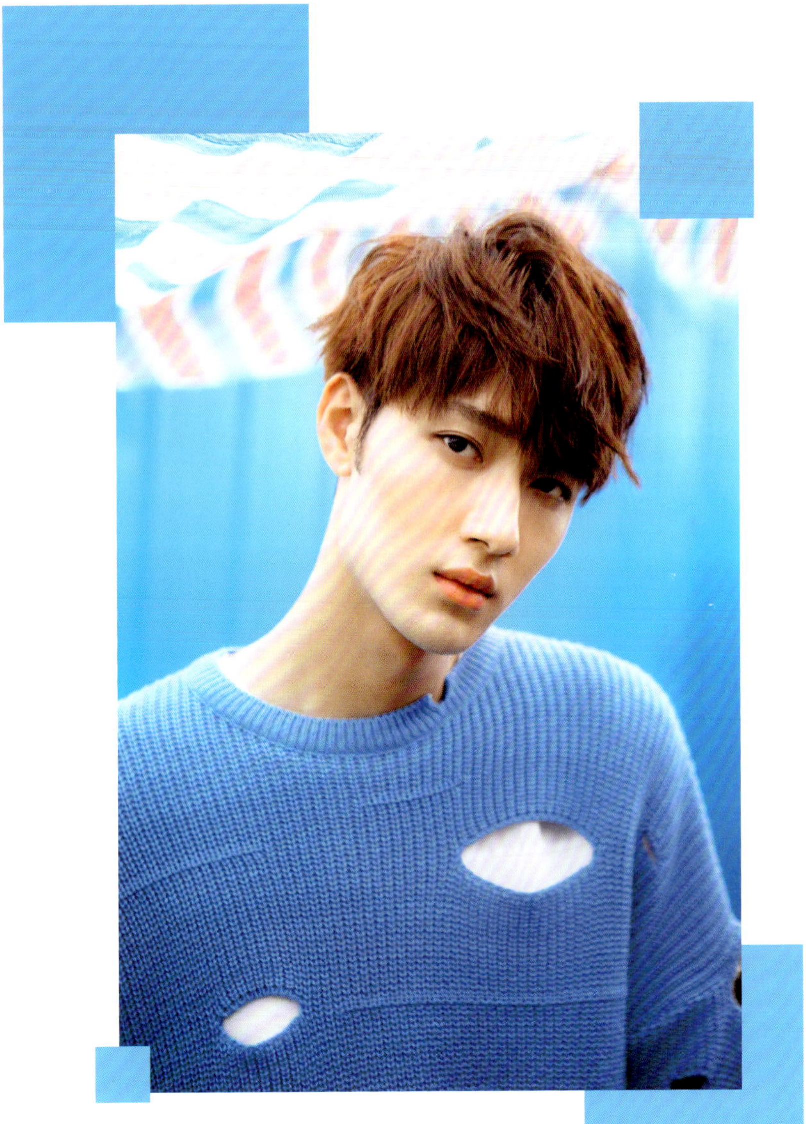

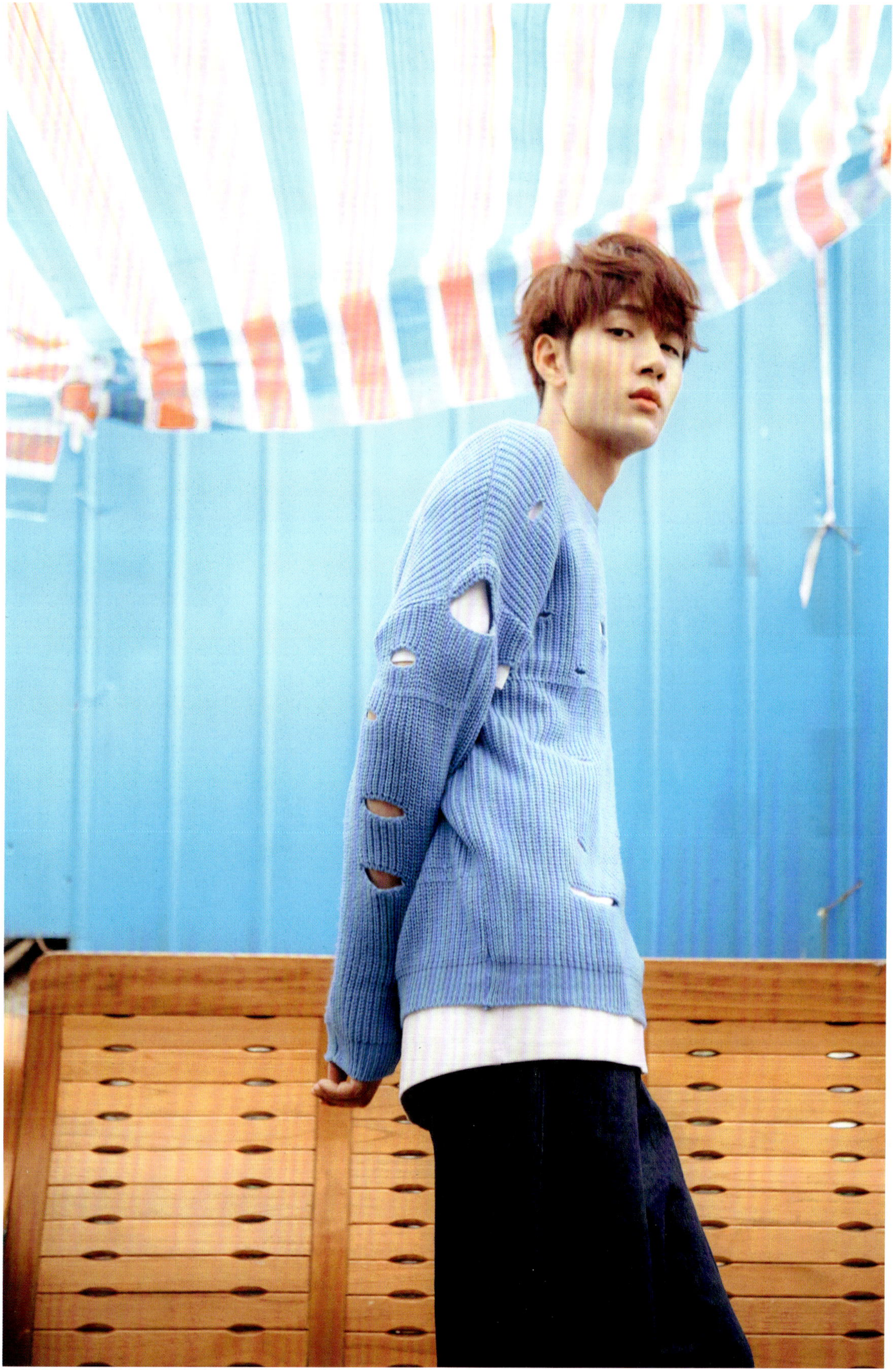

WALKKING

/ 青 / 春 / 就 / 像 / 一 / 场 / 旅 / 行 /

## 「走 / 走」
### 前 方 的 路

从家走到北京，

从北京走到世界各地，

我从不愿把自己看成一个游客，

我希望我是一个聆听者，

观看者和一个参与者。

*Somewhere*

~ 走错站 ~

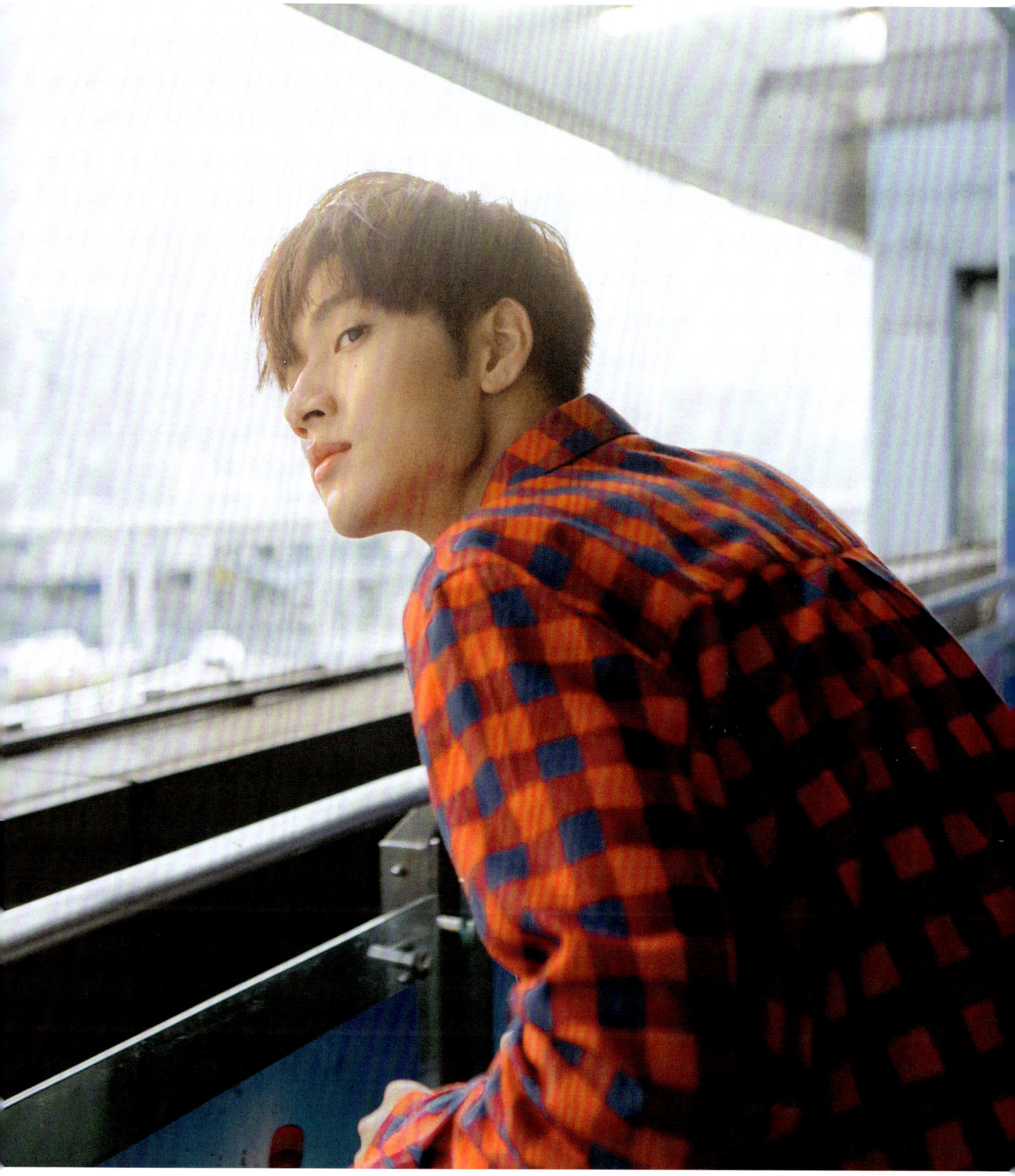

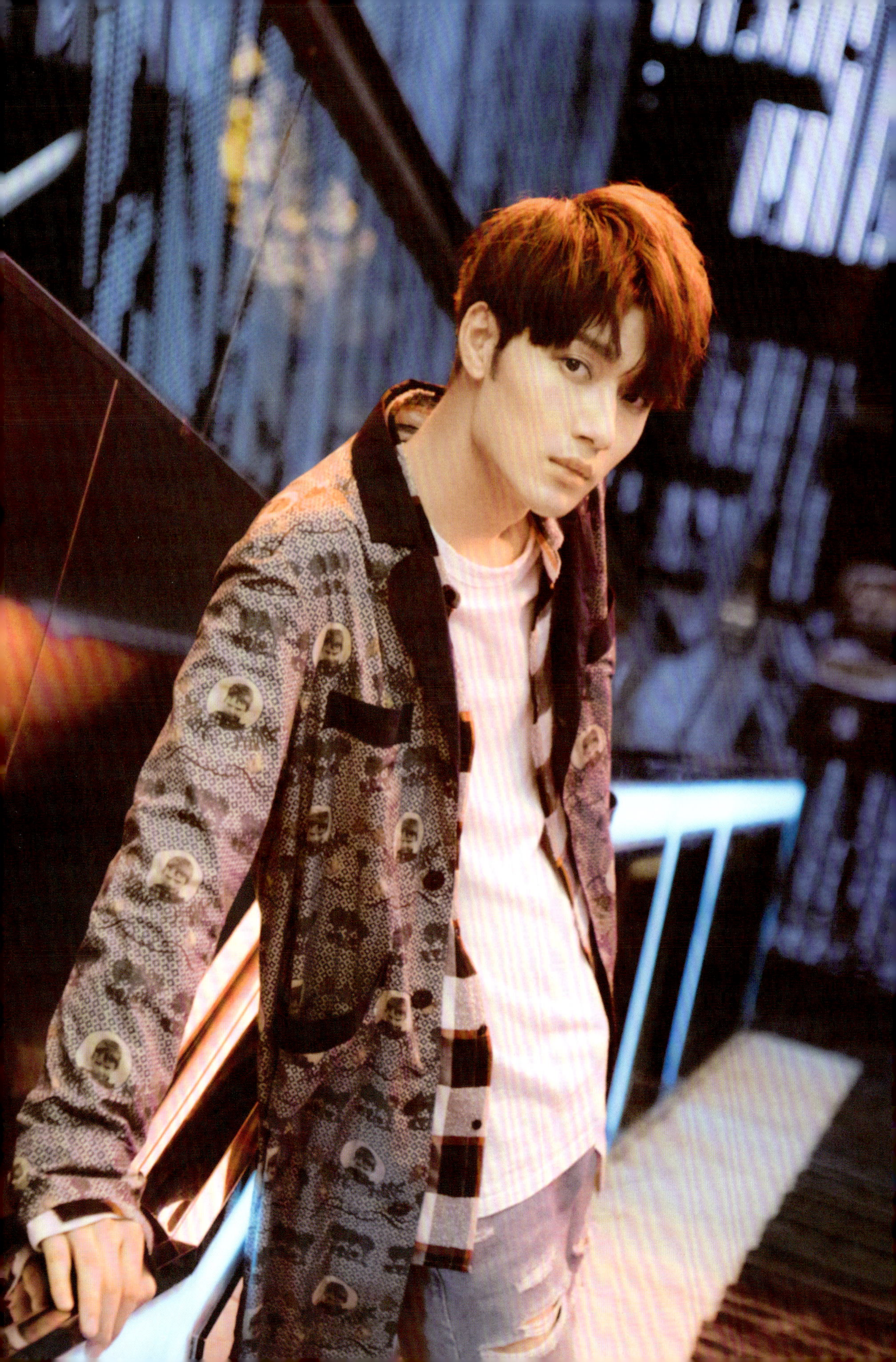

我的前方有一条长长的路，周围一片模糊，沿着路我不停往前走，穿过一个熟悉的红房子，经过小时候常去的游乐园，然后进入了一片白雪皑皑的空地，我猛地一回头，掉进了一个深深的黑洞里。身体一抖，啪的一下，从梦中惊醒。惊魂未定的我，豆大的汗珠随着脸颊滴落。缓了缓神，突然想起曾经老人和我说这种垂直跌落的梦象征着成长。

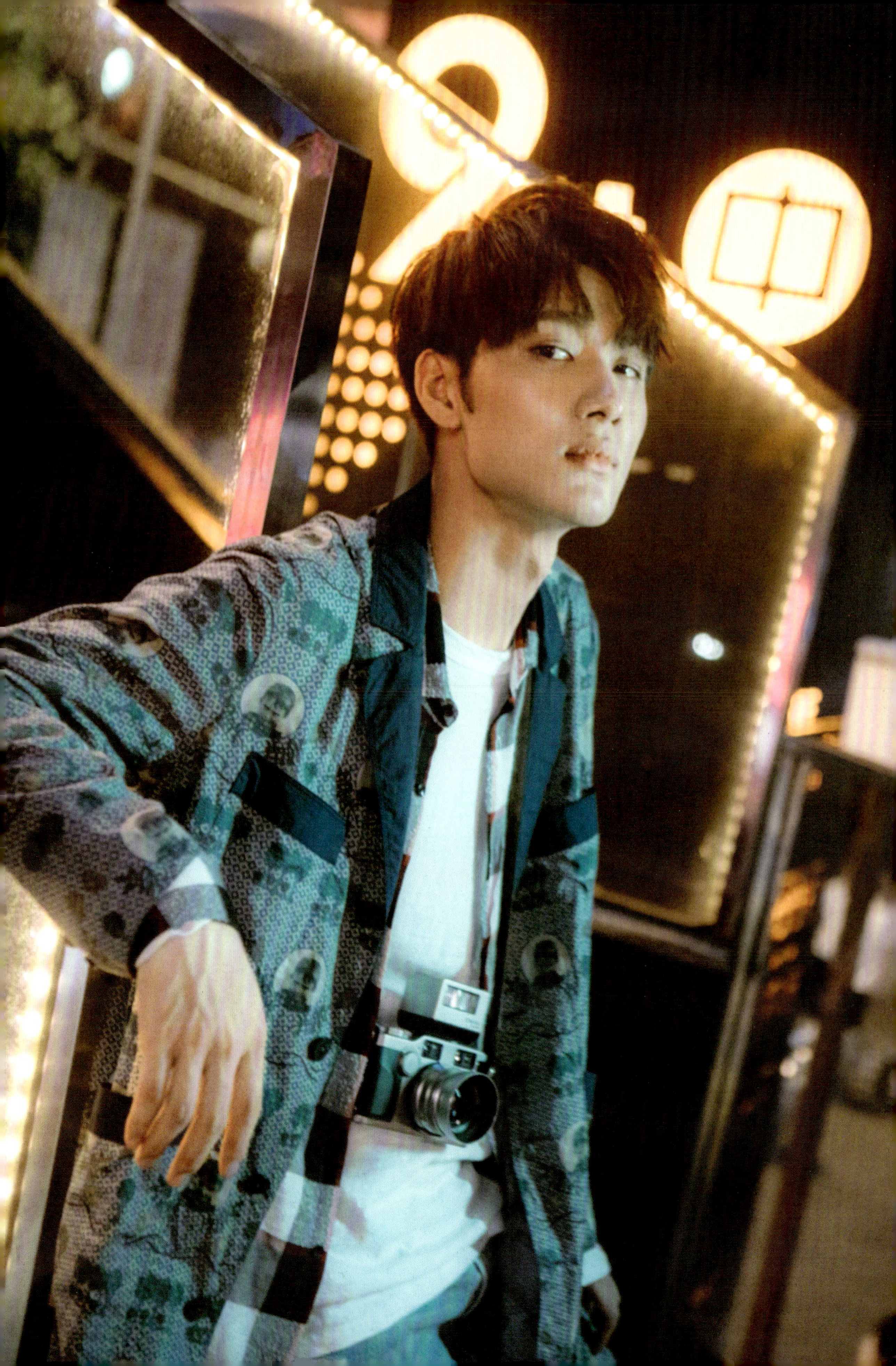

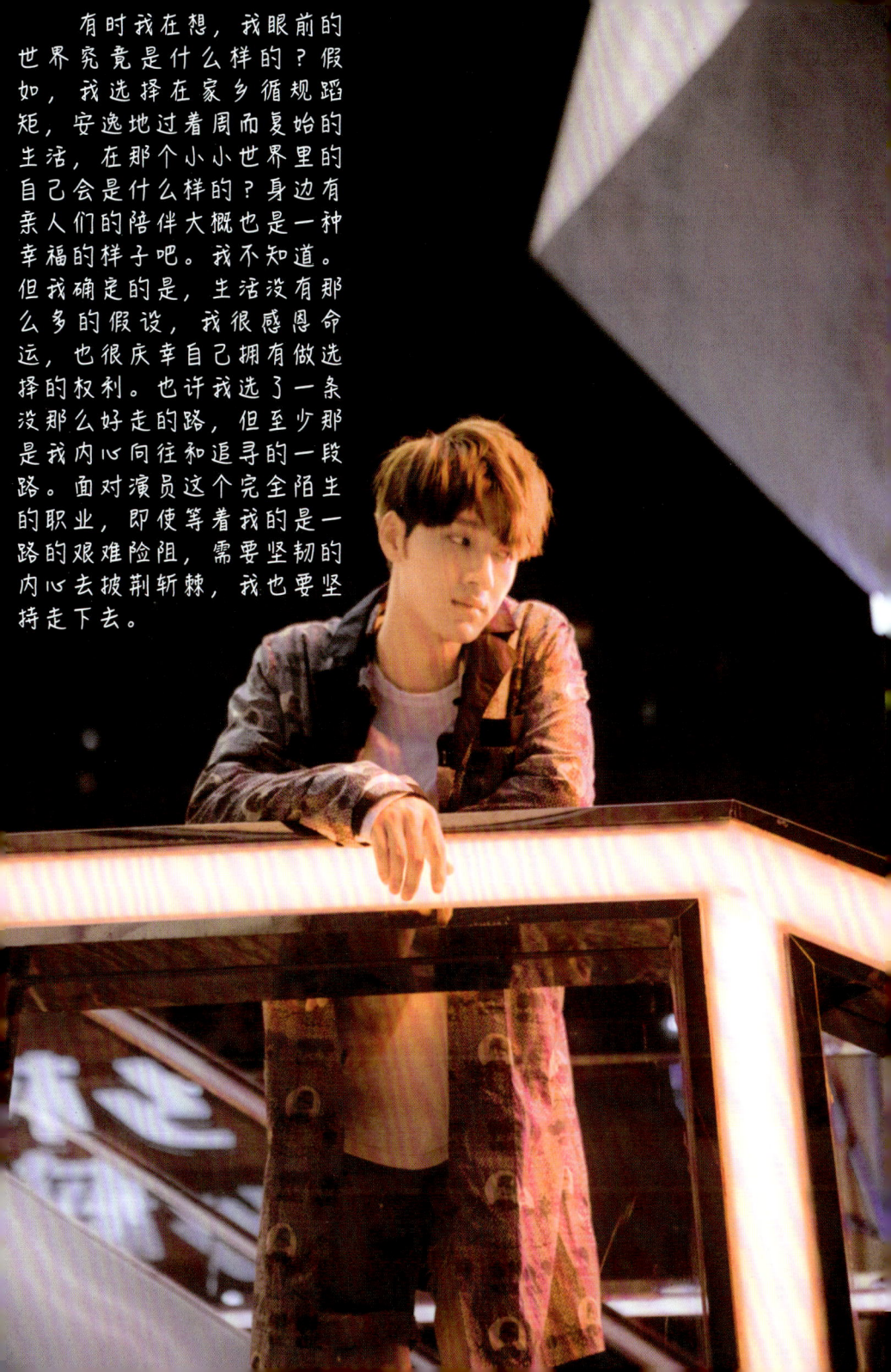

有时我在想，我眼前的世界究竟是什么样的？假如，我选择在家乡循规蹈矩，安逸地过着周而复始的生活，在那个小小世界里的自己会是什么样的？身边有亲人们的陪伴大概也是一种幸福的样子吧。我不知道。但我确定的是，生活没有那么多的假设，我很感恩命运，也很庆幸自己拥有做选择的权利。也许我选了一条没那么好走的路，但至少那是我内心向往和追寻的一段路。面对演员这个完全陌生的职业，即使等着我的是一路的艰难险阻，需要坚韧的内心去披荆斩棘，我也要坚持走下去。

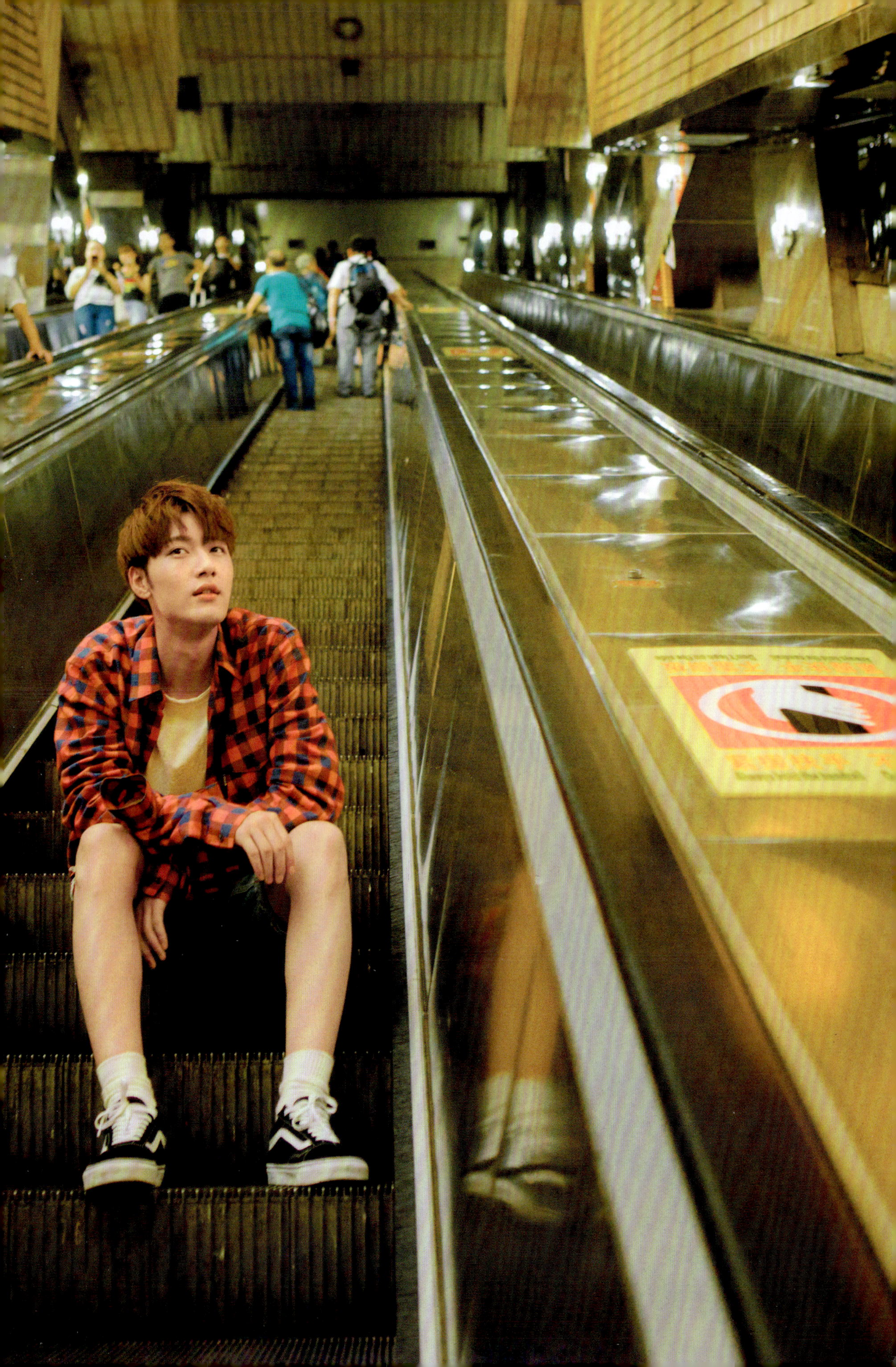

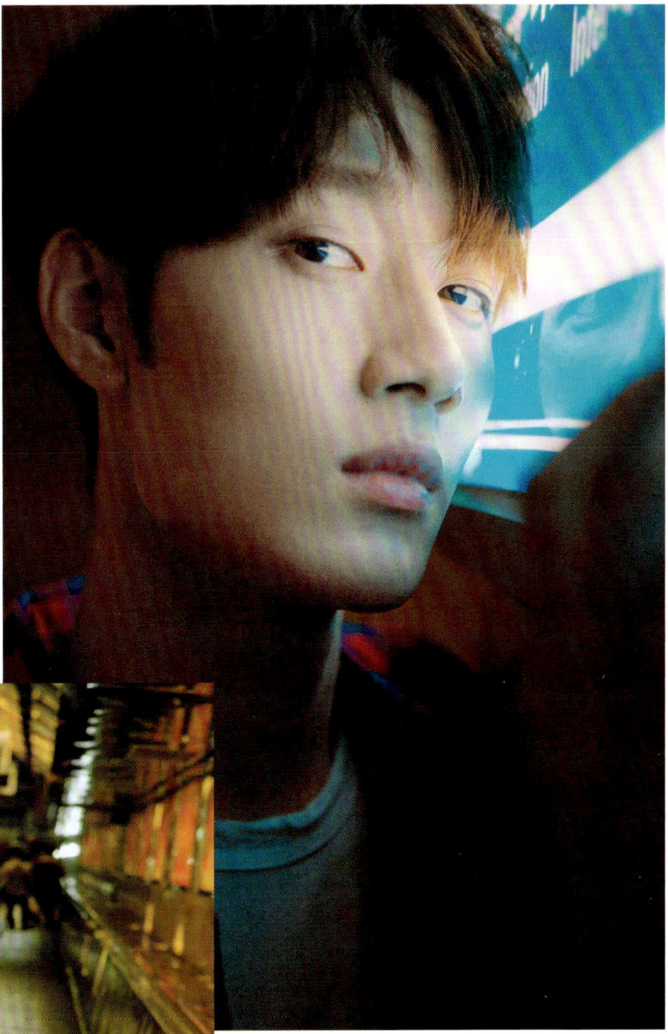
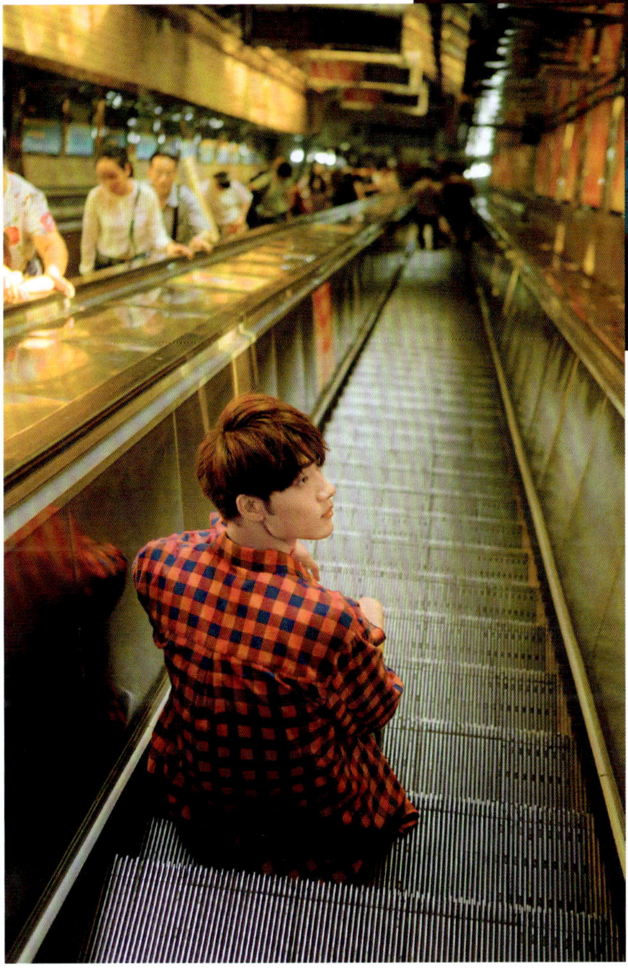

我们选择改变，并非经过深思熟虑，而更像是听到了天地间冥冥中的呼唤，呼唤你前往另一个地方，过上另一种生活，我也不一定会从此拥有更美好的人生，可仍然感谢天地和人世所带来的这些变化和成长。不然我大概会一直好奇和不甘吧，门前的那条小路，到底通向了什么样的远方呢？

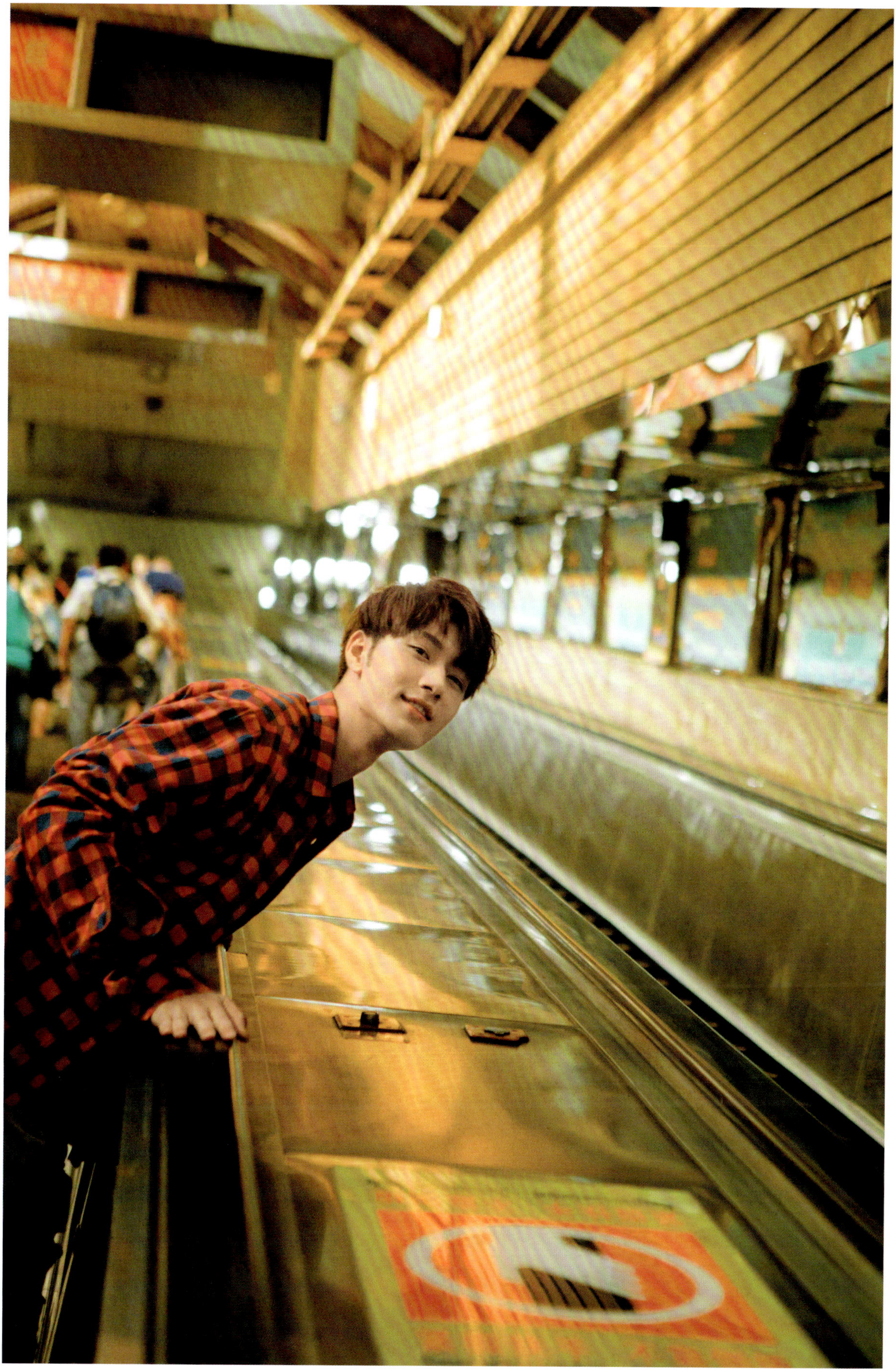

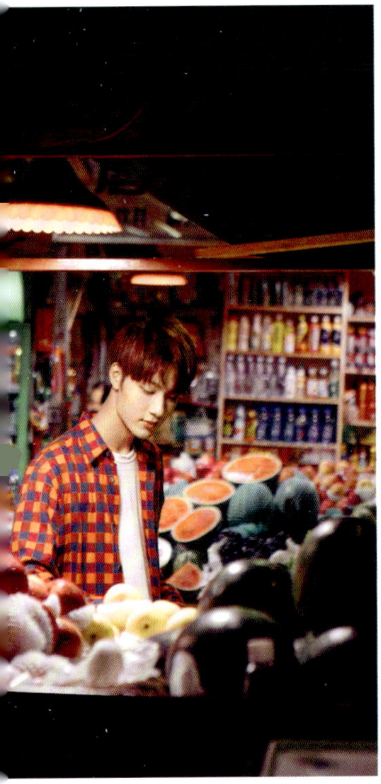
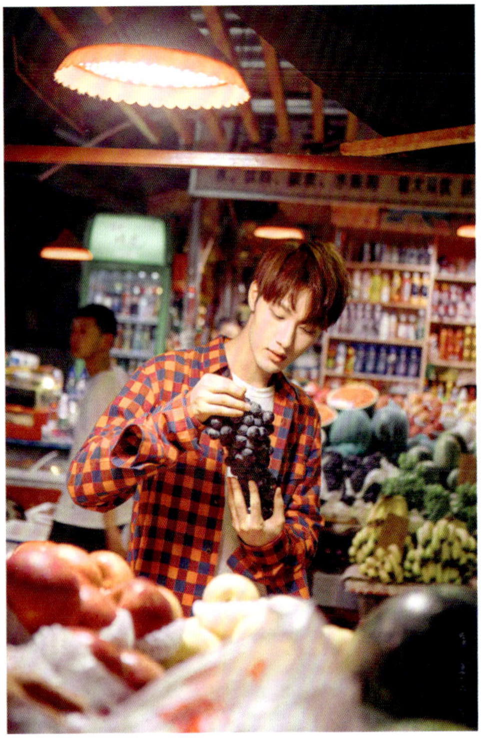
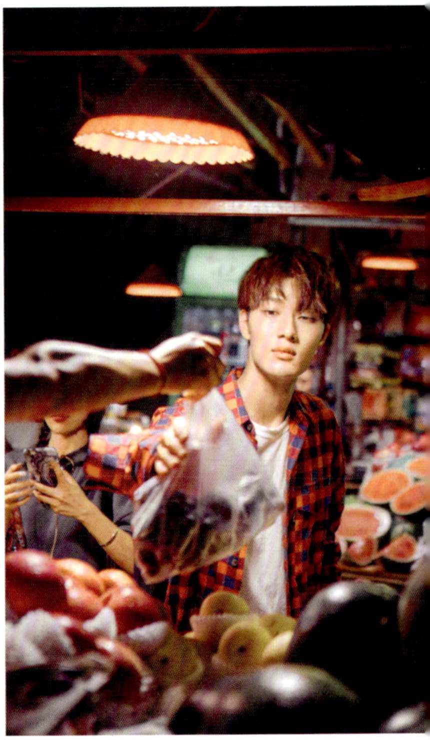

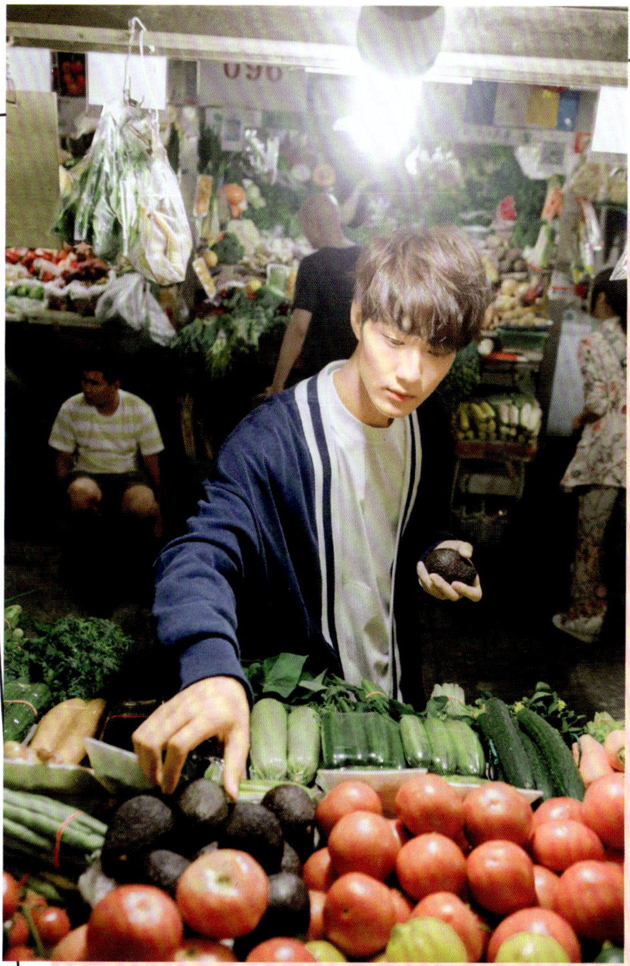

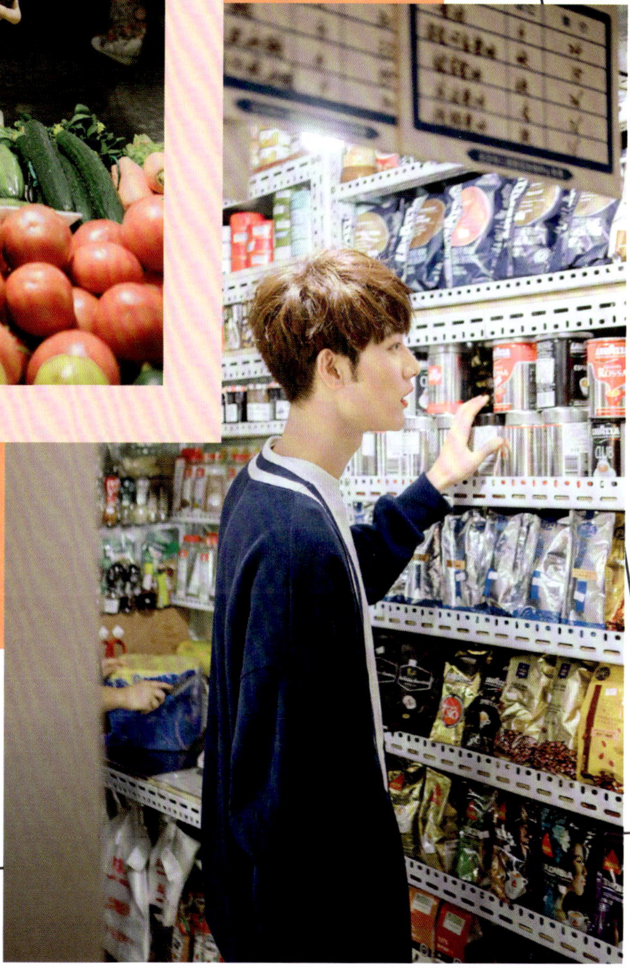

从家乡走到北京，从北京走到世界各地，我从不愿把自己看成一个游客，我希望我是一个聆听者，观看者和参与者。把周遭的一切揉碎了融进我的身体，成为我的一部分。

　　北野武说：无聊的人生他死都不要。我说，我也是。但是如何把生活过的有趣而生动呢，大概是：让我爱的人和事，因为我的存在，而增添几分色彩吧。

love You.

你要知道，你的头脑，你的内心，不是酒店的厨房，
可以把里面的东西像罐头一样扔掉，
它更像是一条河流，每时每刻都在流动和变化。

—— 伊恩麦克尤恩

have a nice day?

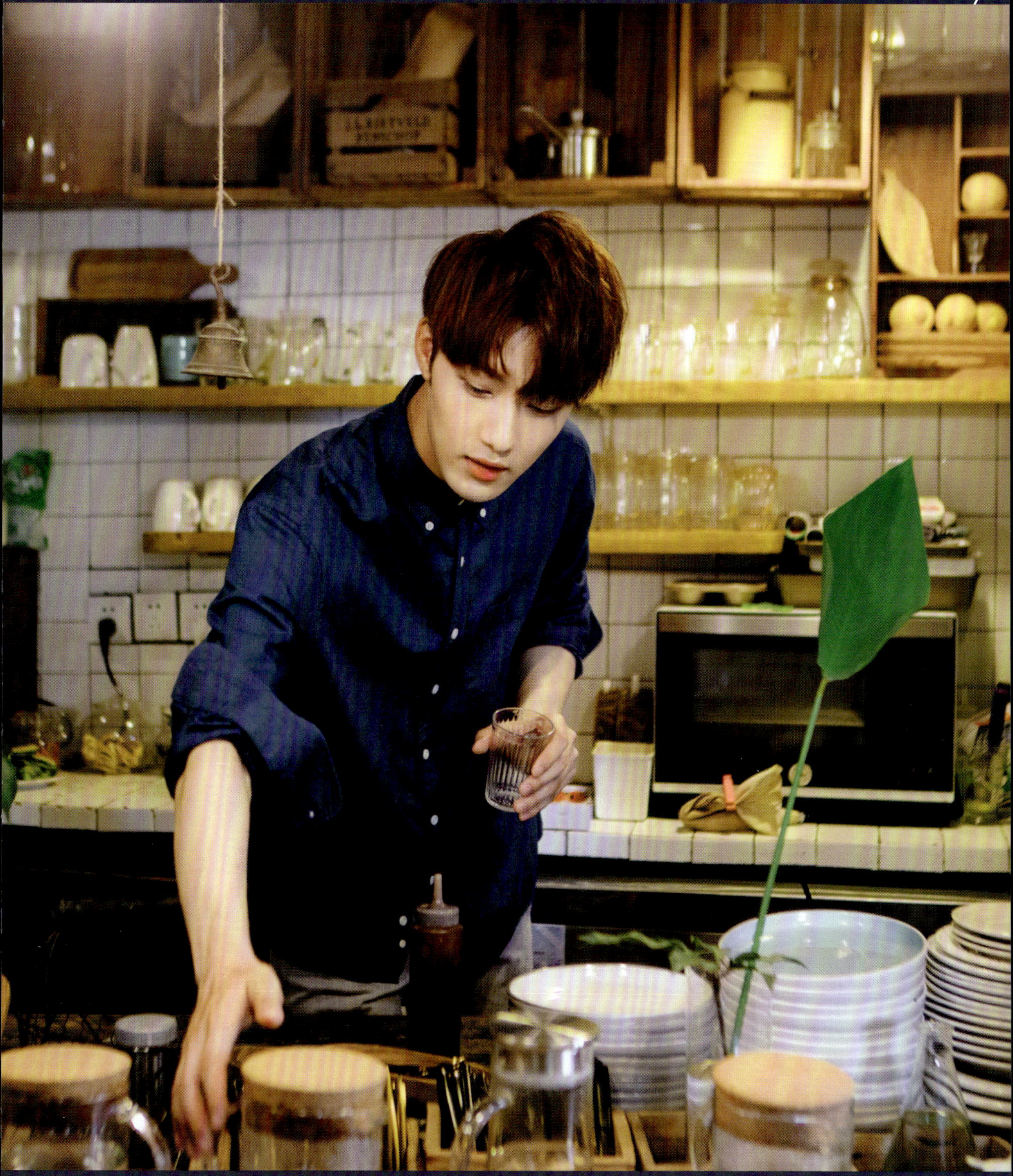

CHAVE

# A REST......
写给自己／和你们

## FOR ALL OF US

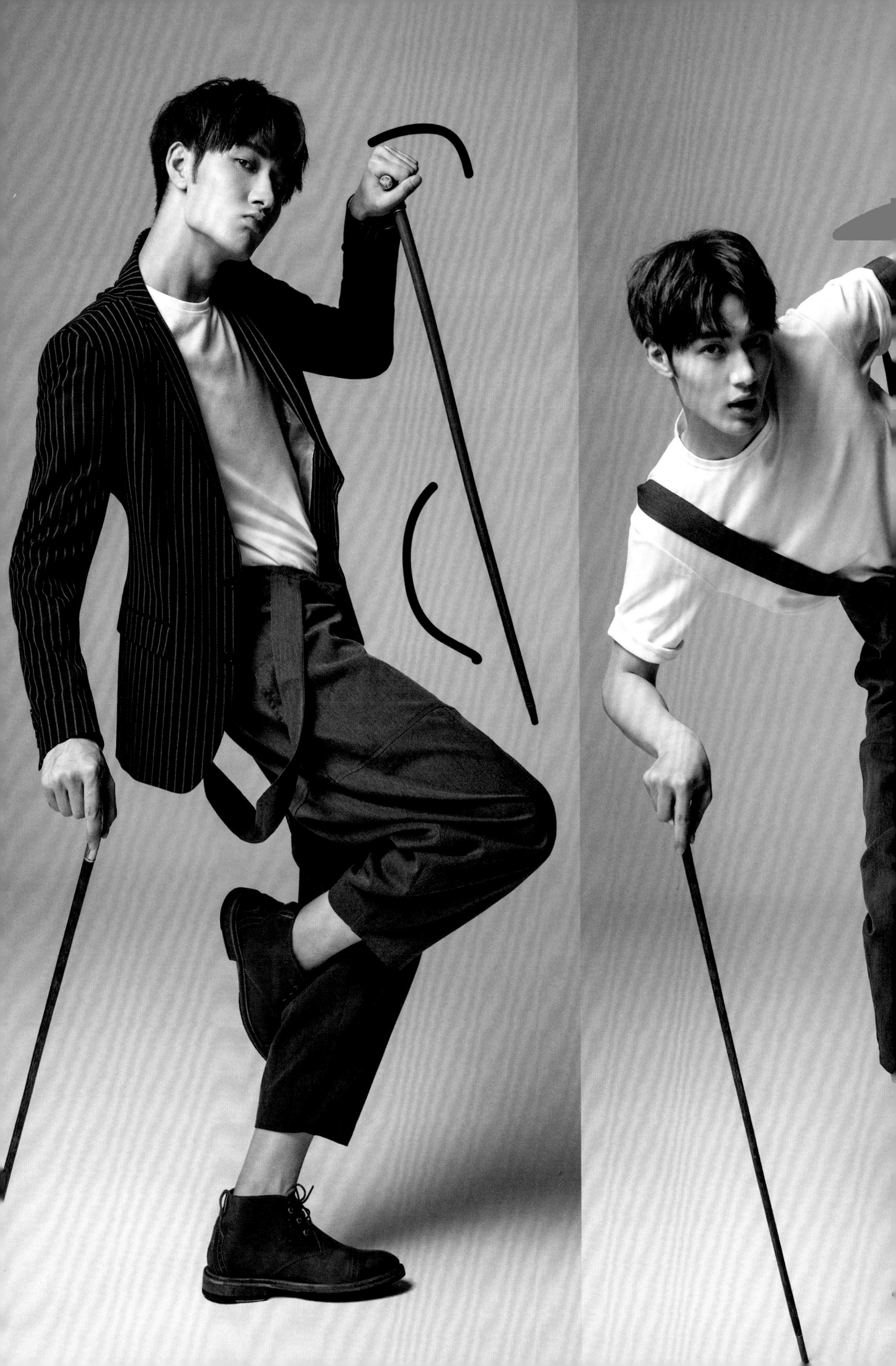

MY OLD TIME

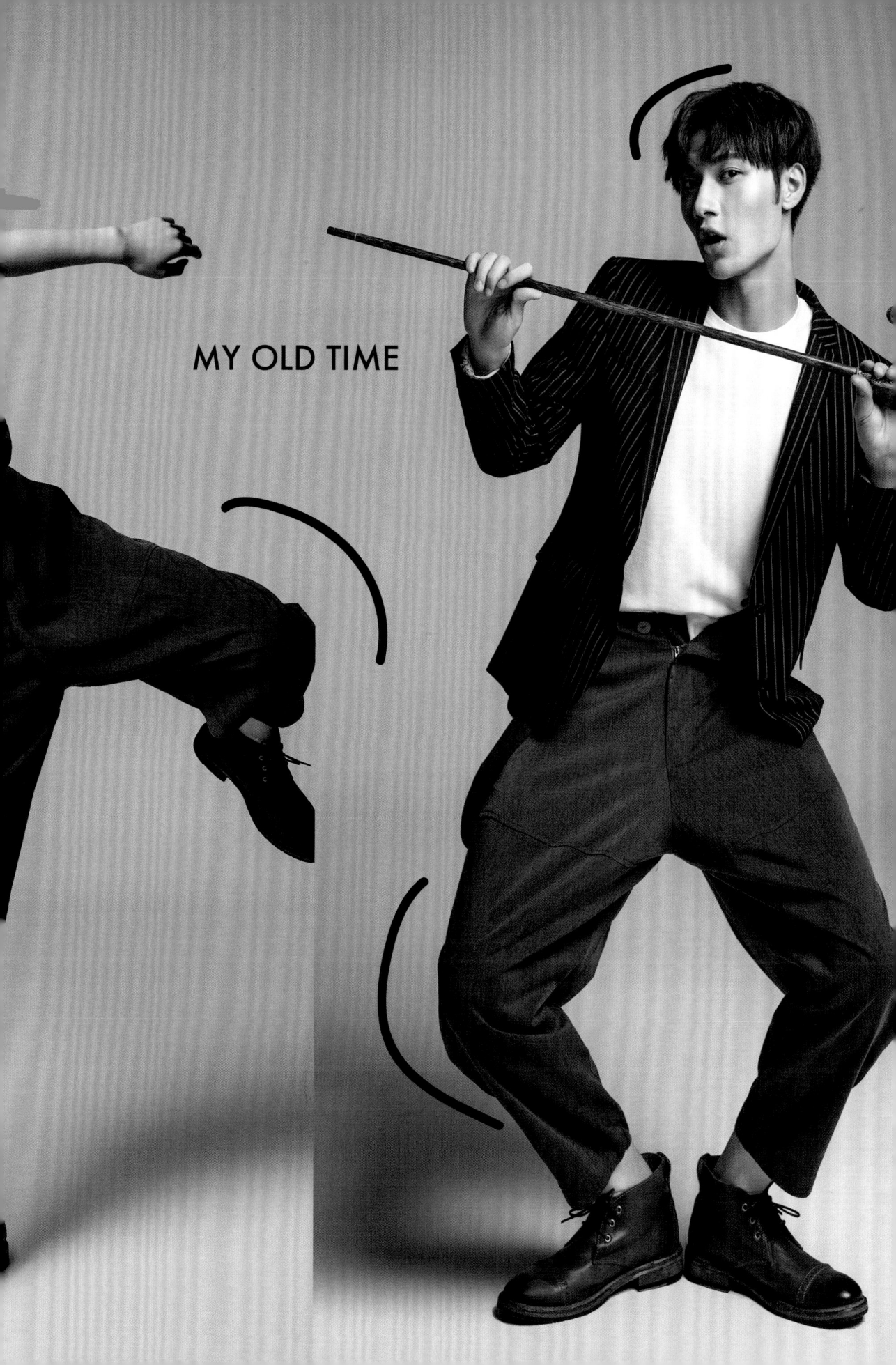

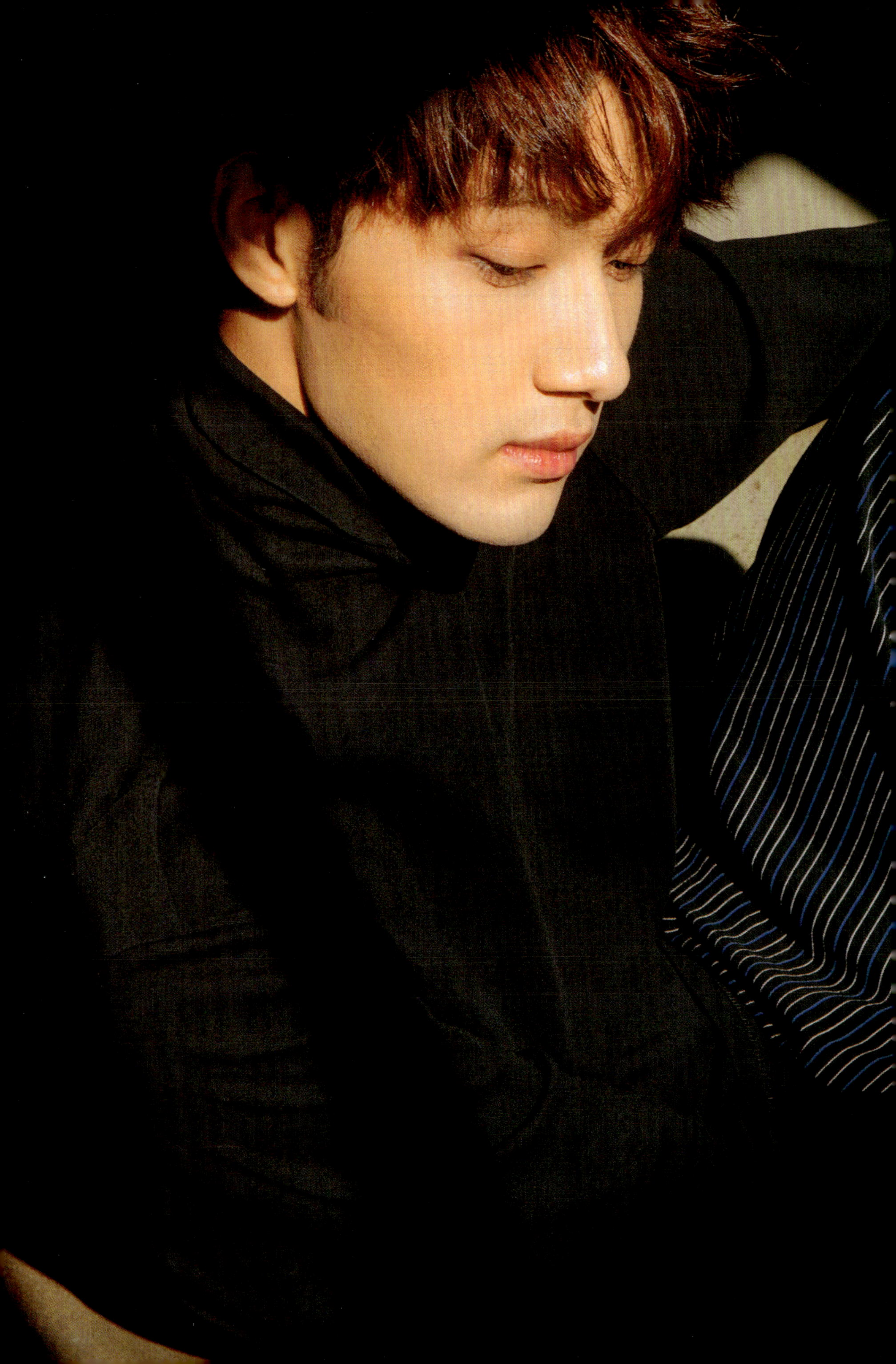

关于过往，我时常怀念，却又时刻提醒自己不要沉溺其中。

关于未来，我充满期待，同时也在自信和迷惘间来回切换。

我非常喜欢片场，喜欢那种氛围和体验。我经常在光影交错中，混淆了戏剧与现实的界限，在不同的角色中，好像过了一次次不同的人生。如果说未来有什么梦想的话，我会把镜头里的人生过得更精彩，会把角色塑造得更好。不过，当下的我的确是很稚嫩了，仿佛刚涉世的孩子，对世界充满了好奇，有时懵懂，有时冒失……

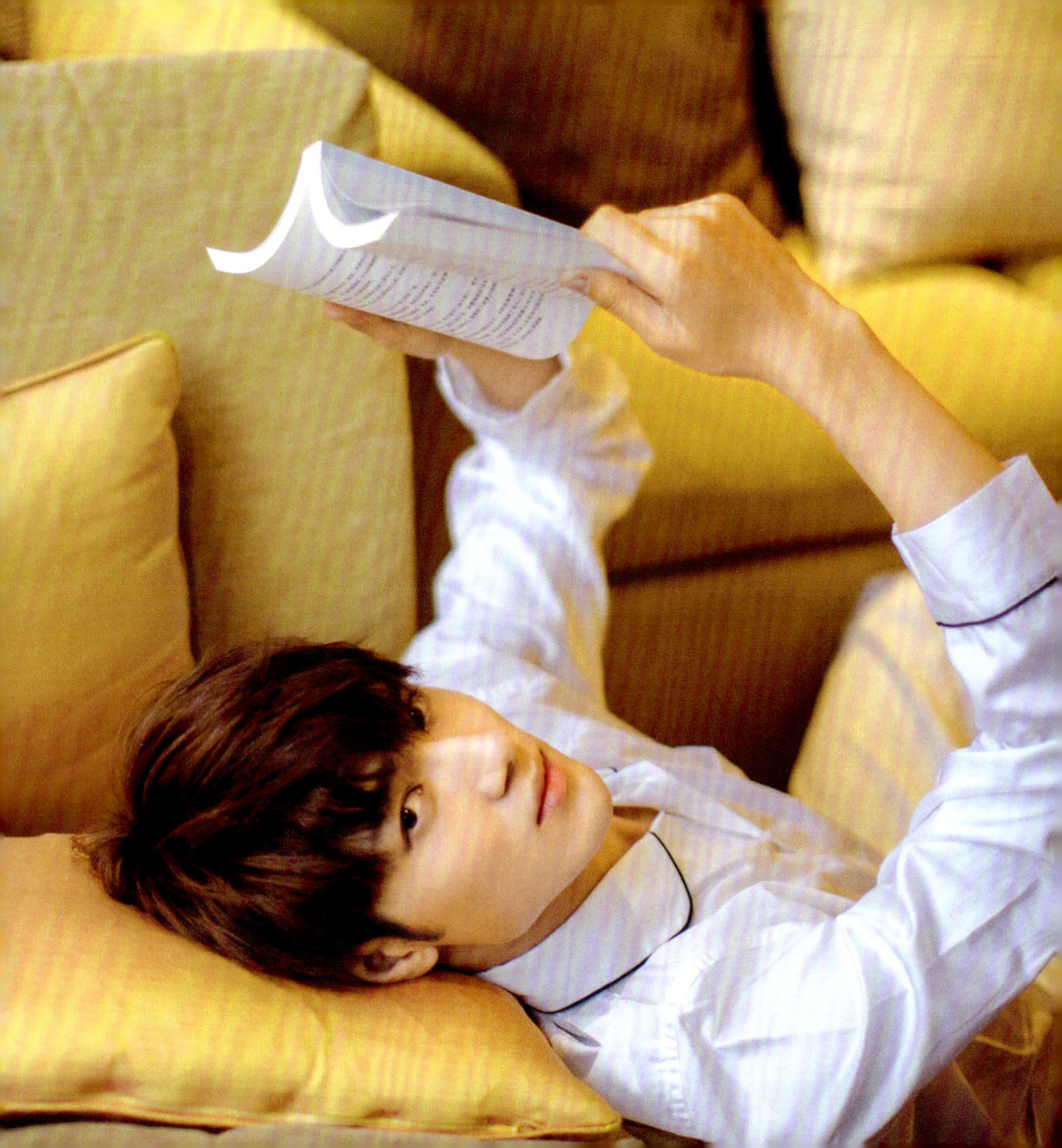

演戏真的不比现实生活简单半分，人生的每段路都要自己走过才好，每一点经验和见识都需要自己用心体悟。

我很感恩我有这样的幸运，可以在现实和虚拟的两种维度中历练自己，所以我时常在想，我有什么理由不去努力呢？尤其在困倦的时候，我拿来激励自己的往往是同一句话：子由，你要对得起自己的幸运，你要更努力地回馈这份幸运。

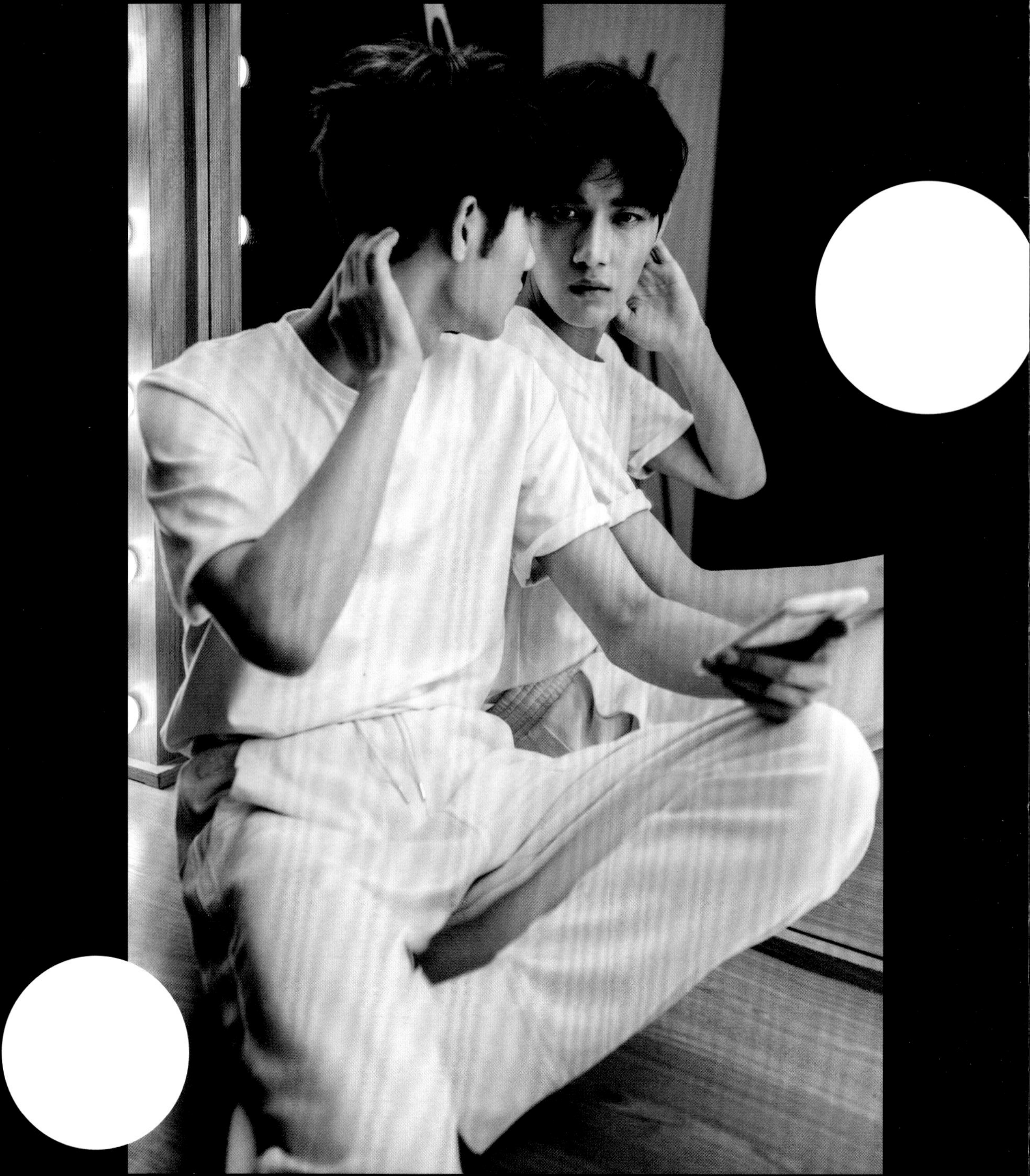

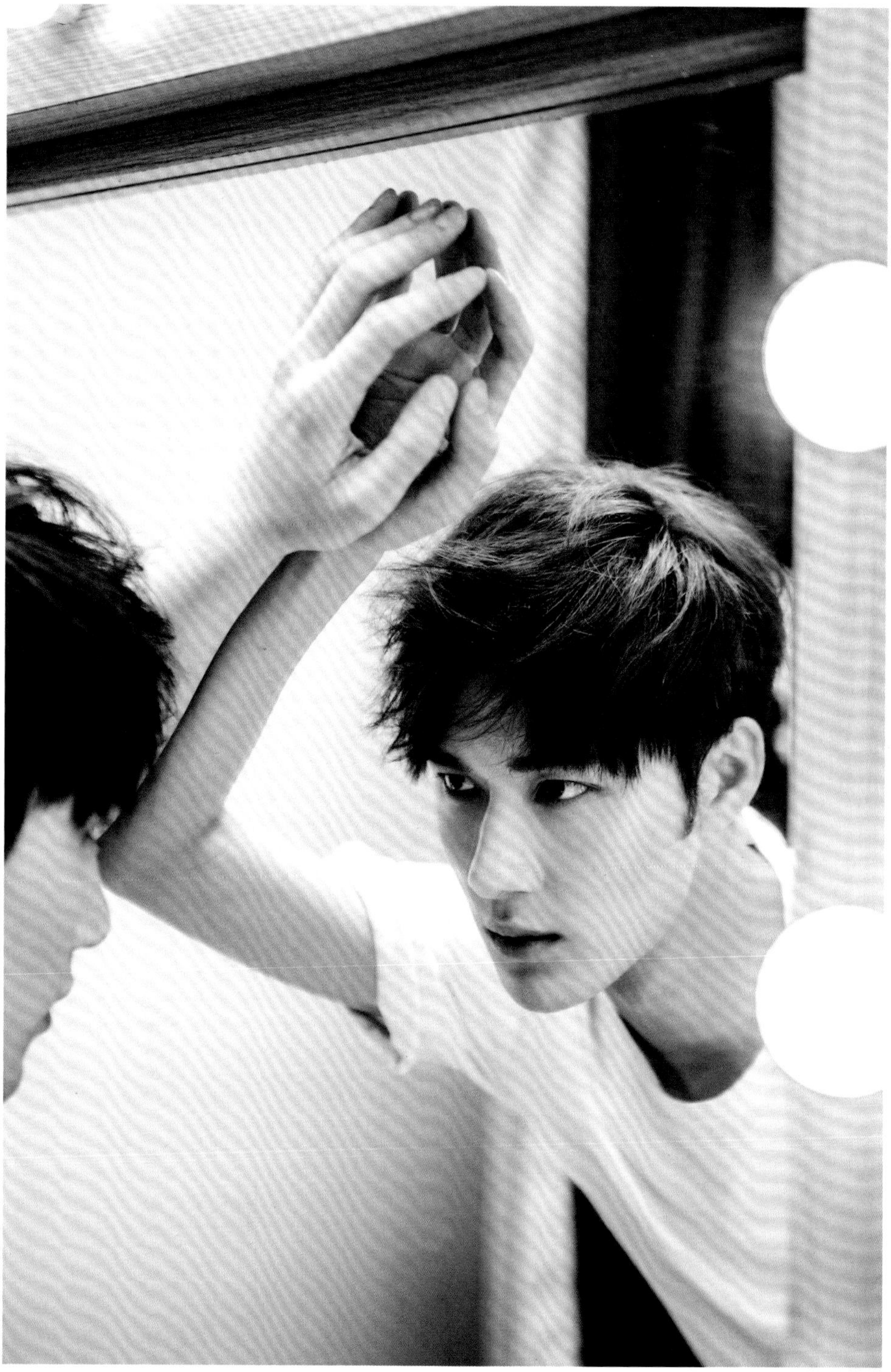

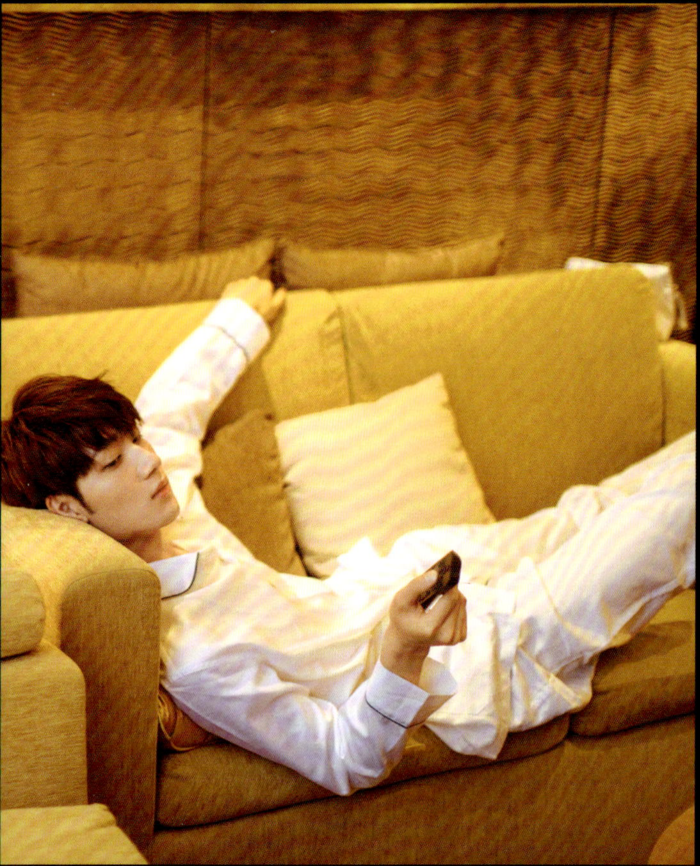
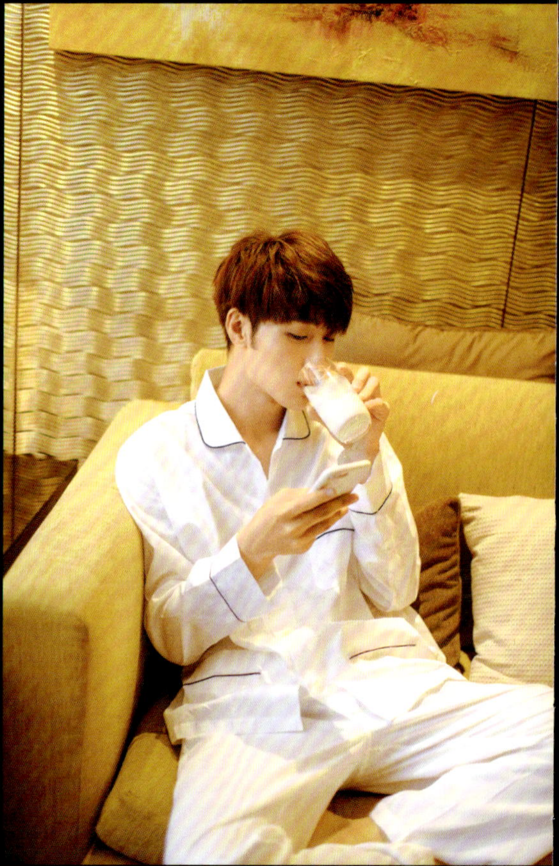

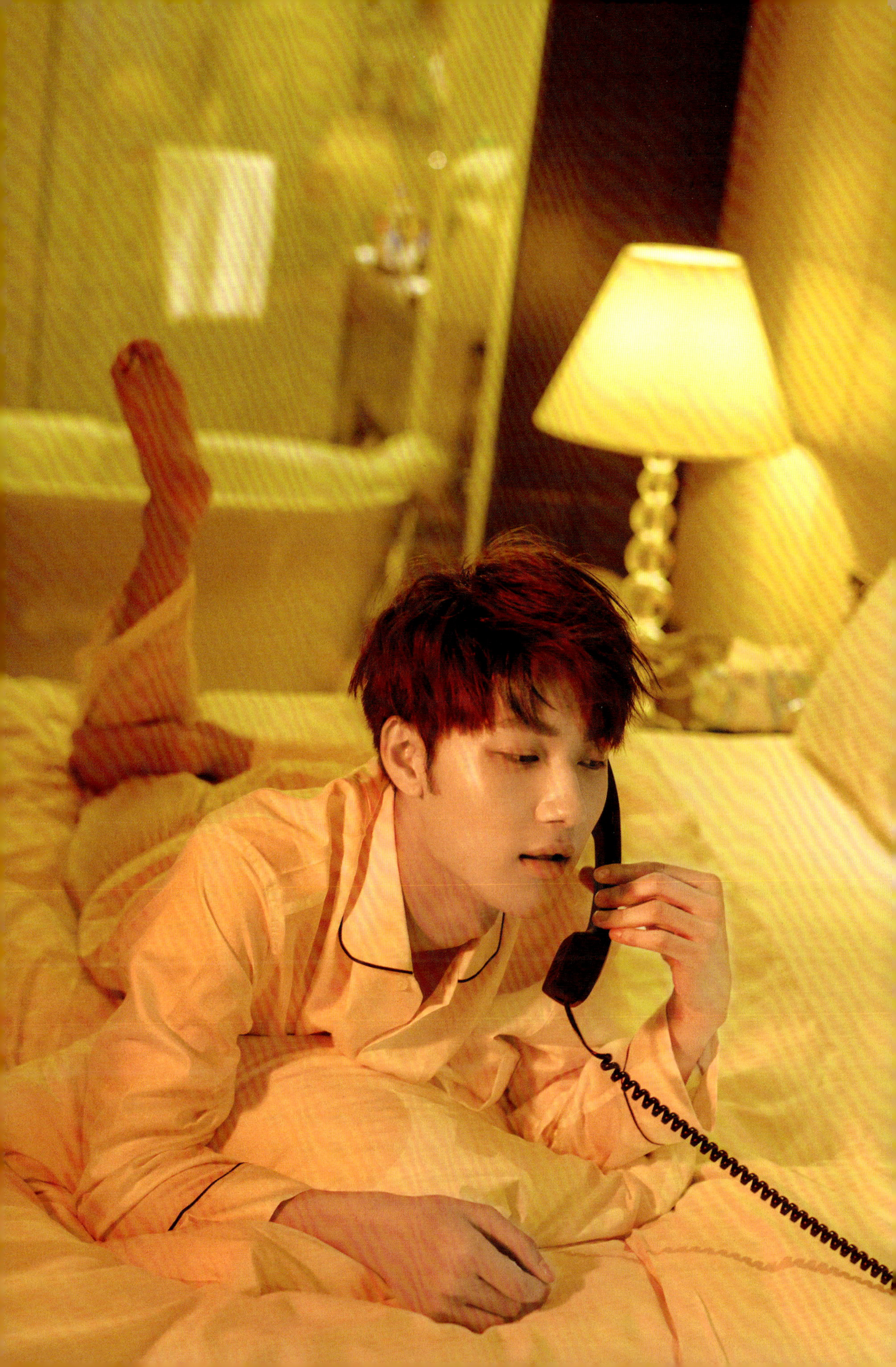

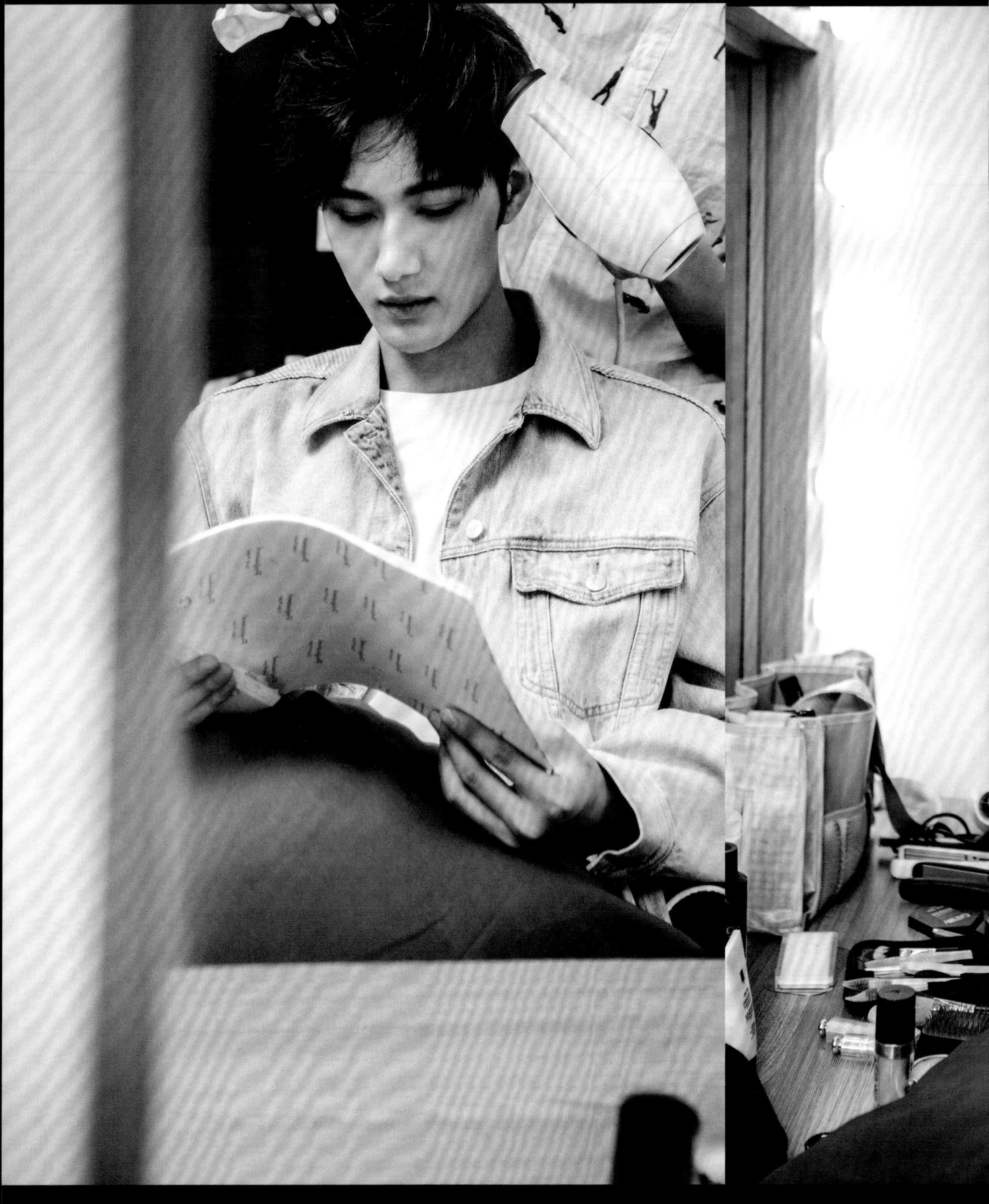

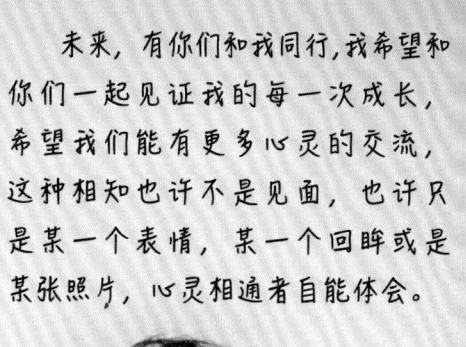

未来，有你们和我同行，我希望和你们一起见证我的每一次成长，希望我们能有更多心灵的交流，这种相知也许不是见面，也许只是某一个表情，某一个回眸或是某张照片，心灵相通者自能体会。

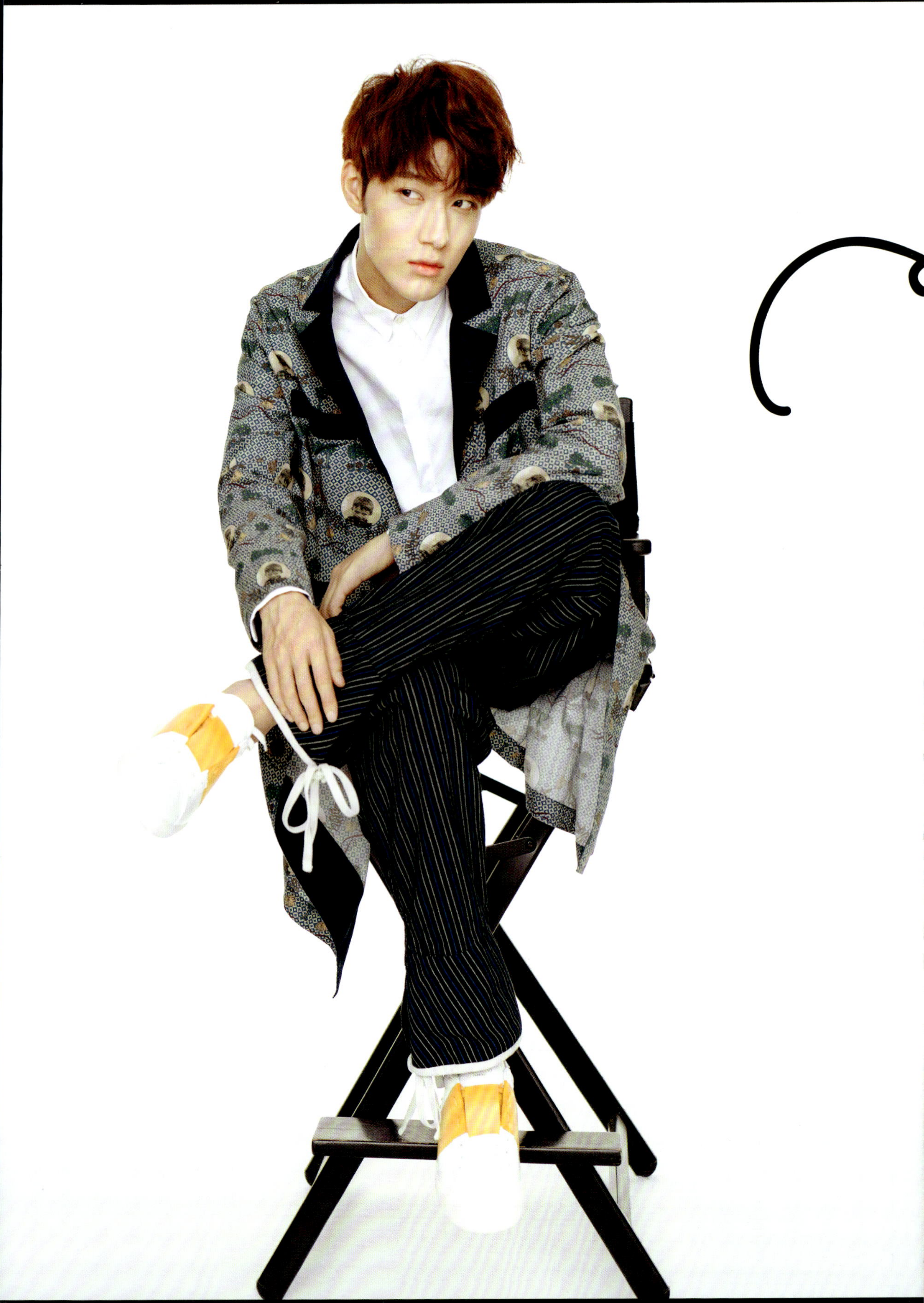

好吧，这场游历到此就告一段落了，
留下的就是这些影像
和我心中的点滴感受，
希望你也体会得到，
来日方长，不久我们还会重逢。

The end of the journey